Robert Dorsch
Geschichten und Bilder
aus dem
Bach-Blütengarten

Schriftenreihe zur Original Bach-Blütentherapie
Herausgeber Mechthild Scheffer
Institut für Bach-Blütentherapie, Forschung und Lehre

*Laßt unsere Herzen allezeit erfüllt sein von Freude und
Dankbarkeit, daß der Schöpfer aller Dinge in seiner
Liebe die Pflanzen und Kräuter des Feldes wachsen ließ,
die uns Heilung bringen*

Edward Bach

Für meine Kinder Felix und Lukas

Robert Dorsch

Geschichten und Bilder aus dem Bach-Blütengarten

Natura Med Verlag Neckarsulm

Zuschriften an:

Natura Med Verlagsgesellschaft
Breslauer Straße 5

74172 Neckarsulm

Die Deutsche Bibliothek – CIP Einheitsaufnahme

Dorsch, Robert:
Geschichten und Bilder aus dem Bach-Blütengarten / Robert Dorsch. – Neckarsulm: Natura-Med-Verl.-Ges., 1995
ISBN 3-930706-06-7

Alle Rechte vorbehalten

© 1995 Natura Med Verlagsgesellschaft mbH, 74172 Neckarsulm

Das Werk einschließlich aller seiner Teile ist urheberrechtlich geschützt. Jede Verwertung außerhalb der engen Grenzen des Urheberrechtsgesetzes ist ohne Zustimmung des Verlages unzulässig und strafbar. Das gilt insbesondere für Vervielfältigungen, Mikroverfilmungen und die Übertragung auf elektronische Datenträger.

Fotos: Gentian: Arthur Dorsch
       Water Violet: Heinz Schrempp
       alle übrigen: Robert Dorsch
Umschlag und Schutzumschlag: SRP Ulm,
Satz: Graphische Werkstätten Lehne GmbH, Grevenbroich-Kapellen
Quellenangabe der Bach-Zitate: Dr. Edward Bach, Gesammelte Werke, Aquamarin Verlag
Druck: Druckhaus Schwaben Heilbronn
Printed in Germany

Inhaltsverzeichnis

Geleitwort	VII
Einleitung	1
Entstehung der Geschichten	17
Anwendung der Geschichten	23
1. Als Lehrmethode	23
2. Zur Information der Patienten	24
3. Als differentialdiagnostisches Hilfsmittel	28
4. Als therapeutisches Werkzeug	32
5. Als Ausgangspunkt einer therapeutischen Arbeit	34
Anregung zum Finden eigener Geschichten	36
Die Geschichte von den Reisenden	40
Agrimony: Die Begegnung	45, 266
Aspen: Tremola, das Espenmädchen	53, 267
Beech: Meister Fagus und das Orchester	57, 268
Centaury: Die Befreiung vom Joch der Erwartungen	65, 269
Cerato: Von einem, der außen suchte, was er nur innen finden konnte	71, 270
Cherry Plum: Der Wolf im Schafspelz	76, 271
Chestnut Bud: Der kleine Grashüpfer	82, 272
Chicory: Die Wegwarte	87, 273
Clematis: Der kleine Vogel	94, 274
Crab Apple: Die Aussätzige	99, 275
Elm: Der Hofarzt und die Ulme	104, 276
Gentian: Der Pessimist und der weise Narr	109, 277

Gorse: Die Besenbinderin	115, 278
Heather: Vom Nehmen zum Teilnehmen	120, 279
Holly: Von Haß und Liebe	126, 280
Honeysuckle: Professor Anticus	131, 281
Hornbeam: Die Entdeckung vergessener Räume	137, 282
Impatiens: Meister Ungeduld	143, 283
Larch: Die Lärche	148, 284
Mimulus: Mimolo und der Gaukler	153, 285
Mustard: Der Lichtblick	160, 286
Oak: Ritter Eichbrecht	164, 287
Olive: Ein Olivenbaum erzählt	171, 288
Pine: Die Erlösung	176, 289
Red Chestnut: Das Vogelnest im roten Kastanienbaum	182, 290
Rock Rose: Mäuschen Furchtlos und Mäuschen Starrvorschreck	187, 291
Rock Water: Der Fakir	192, 292
Scleranthus: Der Wanderer im Land der Gegensätze	199, 293
Star of Bethlehem: Das Mädchen und die Sterne von Bethlehem	204, 294
Sweet Chestnut: Antonio, der Maroniverkäufer	209, 295
Vervain: Der Missionar	215, 296
Vine: Padrone Vine	221, 297
Walnut: Die Geburt	229, 298
Water Violet: Violetta im Elfenbeinturm	236, 299
White Chestnut: Das Kastanienmännchen	244, 300
Wild Oat: Der rote Faden	248, 301
Wild Rose: Die Dornenkrone	253, 302
Willow: Der Korbmacher und die Weide	259, 303
Blütentelegramme	265

Geleitwort

Dieses Buch hat eine lange Vorgeschichte. Als ich vor neun Jahren häufiger hörte, daß Robert Dorsch, ein Münchner Arzt und Therapeut, Bach-Blüten-Märchen erzählte, hat mich diese Idee spontan fasziniert, weil sie dem Konzept der Einfachheit in der Bach-Blütentherapie vollkommen entgegenkommt.

Es freut mich außerordentlich, daß dieses inzwischen ausgereifte Werk als erster Titel der Schriftenreihe des Instituts für Bach-Blütentherapie, Forschung und Lehre erscheinen kann. Hier werden wir zukünftig Arbeiten vorstellen, die das Spektrum der Original Bach-Blütentherapie erweitern oder einzelne Aspekte vertiefen.

Beides tut dieses Buch in wunderbarer Weise. Das positive Wesen der Bach-Blüten wird in einer subtilen Bildsprache erfaßt, welche direkt zum Herzen spricht und den Menschen in seiner Ganzheit erreicht. Beim Betrachten der Fotos wird eine große Nähe zum Wesen der einzelnen Bach-Blüten spürbar, und die „Blütentelegramme" bringen die therapeutische Botschaft hervorragend auf den Punkt.

Ich bin sicher, daß dieses Buch bei Bach-Blüten-Freunden im Familien- und Freundeskreis schon bald zur Lieblingslektüre wird. Und ich würde mich besonders freuen, wenn auch andere Ärzte und Therapeuten diesen kreativen Ansatz der Bach-Blütentherapie vermehrt in ihre Arbeit integrieren würden.

Mechthild Scheffer Hamburg, im Mai 1995

Einleitung

Mit den Worten *„Was zählt, ist nicht die Krankheit, sondern der Patient"* bringt Dr. Edward Bach, der Begründer der Therapie mit Blütenessenzen, zum Ausdruck, daß körperliche Krankheitssymptome nur ein äußeres Zeichen für eine Störung der Harmonie zwischen Körper, Seele und Geist des Menschen sind. Während die wissenschaftliche Medizin sich hauptsächlich auf die materiell meßbaren, körperlichen Aspekte der Krankheitsbilder konzentriert, und versucht, immer mehr Detailinformationen zu bekommen, hinter denen sie meist das individuelle Wesen eines Menschen aus dem Auge verliert, bemüht sich die Heilmethode Dr. Bachs um das Erfassen des für den kranken Menschen charakteristischen seelischen Musters.

So schreibt er:

„Bei der Behandlung mit diesen Heilmitteln wird der Art der Krankheit keine Beachtung geschenkt. Der Mensch wird behandelt, und während er gesundet, verschwindet die Krankheit, die abgeschüttelt wird von der erstarkenden Gesundheit.

Jedermann weiß, daß dieselbe Krankheit bei verschiedenen Menschen verschiedenartige Auswirkungen haben kann. Die unterschiedlichen Auswirkungen sind es, die der Behandlung bedürfen, denn sie führen uns zur eigentlichen Ursache zurück.

Das Gemüt ist der feinste und empfindlichste Teil des Menschen und zeigt den Beginn und Verlauf einer Krankheit viel deutlicher als der Körper, und so gilt die Einstellung des Gemüts als Hinweis auf das oder die Heilmittel, die notwendig sind.

Bei der Krankheit verändert sich der Gemütszustand im Vergleich zum sonstigen Leben. Wer aufmerksam beobachtet, kann diese Veränderung häufig vor – manchmal auch lange vor dem Auftreten der Krankheit wahrnehmen und durch eine Behandlung das Erscheinen von Beschwerden rechtzeitig verhindern. Wenn eine Krankheit schon einige Zeit besteht, wird die Stimmung des Leidenden uns ebenfalls zu dem richtigen Heilmittel hinführen.

Man schenke also dem Krankheitsbild keine Beachtung, sondern denke allein an die Lebenseinstellung und Stimmung des Erkrankten.

Achtunddreißig verschiedene Gemütszustände werden in einfacher Weise beschrieben. Es sollte keine Schwierigkeit sein, für sich selbst oder einen anderen den vorherrschenden Zustand oder eine Kombination von Gemütslagen herauszufinden und so die notwendigen

Heilmittel zu verabreichen, um eine Heilung zu bewirken."

In der Bach-Blütentherapie konzentriert sich der Therapeut also auf das seelische Befinden des Kranken, seine Stimmung, sein Verhalten, seine Eigenarten, seine innere Haltung zu sich selbst und dem Leben, seine Vorlieben, Abneigungen, Ängste und Stärken sowie seinen Umgang mit der Krankheit, um das spezifische seelische Muster dieses Menschen zu erfassen.

Über das Wesen der Krankheit schreibt Edward Bach:

„Krankheit ist einzig und allein korrektiv: Sie ist weder rachsüchtig noch grausam, vielmehr ist sie ein Mittel, dessen sich unsere Seele bedient, um uns auf unsere Fehler hinzuweisen, um uns davor zu bewahren, größeren Irrtümern zu verfallen, um uns daran zu hindern, größeren Schaden anzurichten, und um uns auf jenen Pfad der Wahrheit und des Lichts zurückzuführen, den wir nie hätten verlassen sollen."

In dem Maße jedoch, wie man in der Lage ist, Krankheitsbilder zu deuten, um sie als Informationsquelle über das dahinterliegende Problem zu benutzen, lohnt es sich darüber hinaus sehr wohl, den sichtbaren, körperlichen Aspekt der Krankheit mitzubetrachten. So sagt Bach:

„Selbst der Teil des Körpers, der betroffen ist, gilt als ein Hinweis auf das Wesen des Fehlers. Die Hand weist auf Versagen oder Fehler im Tun, der Fuß auf das Versagen, anderen beizustehen, das Gehirn auf mangelnde Kontrolle, das Herz auf Mangel oder Übertreibung oder falsches Tun im Zusammenhang mit dem Liebe-Aspekt, das Auge auf Versagen, recht zu sehen und die Wahrheit zu erfassen, wenn sie vor einen gestellt wird. Und genau so kann die Ursache und das Wesen einer Krankheit festgestellt werden, die für den Patienten notwendende Lektion und die Korrektur, die vorzunehmen ist."

Die 38 Blütenessenzen entsprechen 38 verschiedenen, archetypischen, seelischen Grundmustern des Menschen, sind sozusagen die pflanzlichen Vertreter in der äußeren Welt für die jeweiligen Aspekte unserer Innenwelt. Je größer die Ähnlichkeit zwischen dem Wesen des Kranken und dem Wesen der Arznei ist, desto heilsamer ist die Wirkung der gewählten Blütenessenz.

Dieses Prinzip ist die größte Gemeinsamkeit zwischen der Bach'schen Blütentherapie und der Homöopathie Hahnemanns und trägt den Namen Simileregel oder Ähnlichkeitsregel. Bevor Dr. Bach die Blütentherapie entdeckte, hatte er sich intensiv mit dem Gedankengut Samuel Hahnemanns und seiner Homöopathie befaßt.

Er schreibt: „*Hahnemann zeigte die großen, grundlegenden Gesetze, die Basis. Aber er hatte nur ein Leben. Hätte er sein Werk weiter fortführen und entwickeln können, so wäre er ohne Zweifel in diese Richtung gegangen. Wir bringen sein Werk nur ein Stück voran und tragen es auf die nächste, natürliche Ebene weiter.*"

Das homöopathische Denken unterscheidet sich ganz grundlegend von dem die wissenschaftliche Medizin bestimmenden allopathischen Denken. Die allopathische Medizin (griechisch: allos = anders) setzt dem Krankheitssymptom eine Maßnahme entgegen, die geeignet erscheint, es in Richtung zur Norm zu korrigieren. Bei Fieber z. B. wäre jede fiebersenkende Maßnahme, auch ein Wadenwickel, allopathisch. Die Allopathie kämpft sozusagen mit Gegenmaßnahmen gegen das Symptom, das zum Feind erklärt wird.

Die Homöopathie dagegen ist sich bewußt, daß im Muster des Symptoms der rote Faden verborgen ist, der zur Heilung führt, und geht deshalb nicht gegen das Symptom vor, sondern benutzt es, um ein Heilmittel zu finden, dessen Wesen dem des Kranken ähnlich ist (griechisch: homoios = ähnlich). Auf diese Weise wird durch das Heilmittel der Brückenschlag zwischen der körperlichen und der Bewußtseinsebene erleichtert und ein Bewußtseinsprozeß unterstützt, der die von der Krankheit geforderten Entwicklungsschritte ermöglicht.

Dieses Wirkungsprinzip gilt gleichermaßen für die Homöopathie und die Bach-Blütentherapie, wenngleich es viele Unterschiede zwischen den beiden Heilmethoden gibt, deren Darstellung den Rahmen dieses Buches sprengen würde. Viele Behandler sind sich dieser Gemeinsamkeit nicht bewußt, weshalb nur allzu oft Bach-Blüten allopathisch eingesetzt werden. Impatiens wird *gegen* die Ungeduld, Olive *gegen* die Schwäche, Crab Apple *gegen* die unreine Haut oder Holly *gegen* die Eifersucht verordnet. Wirkliche Heilung kann jedoch nur erwartet werden, wenn das Blütenwesen und das Wesen des Patienten übereinstimmen.

So, wie es möglich ist, Krankheitsbilder zu deuten und von der äußeren auf die innere Ebene der zugrundeliegenden seelischen Problematik zu schließen, kann man im Aussehen und den Eigenschaften das Wesen einer Pflanze erkennen. Wie schon Paracelsus wußte, deuten uns die Pflanzen auf diese Weise über ihre Signatur ihre Heilanwendung an.

So sehen wir beispielsweise bei Wild Oat, der gemeinen Waldtrespe, einen zentralen Halm, von dem sich nach allen Seiten feine Fäden verzweigen, deren Enden die Samenkörner tragen. Wild Oat ist also ein Wesen, das mit reichlichen Möglichkeiten (Samen) ausgestattet ist und seine Fühler nach allen Seiten ausstreckt, das aber bei seiner Vielseitigkeit darauf achten muß, sich nicht zu verzetteln, indem es die dünnen Fäden vergißt, die seine unterschiedlichen Möglichkeiten mit dem einen Zentrum verbinden.

Ein anderes Beispiel für die Signatur einer Pflanze ist Impatiens, das Springkraut, eine schnellwüchsige, binnen weniger Monate zu einer Höhe von 180 cm heranwachsende Pflanze, die unter hohem Saftdruck steht und deren Samenkapseln bei Berührung platzen, um die Samen mit Schwung von sich zu schleudern. Wir haben es mit einem Wesen sehr hoher Geschwindigkeit zu tun, dem nichts schnell genug geht und das in seiner Ungeduld auch schnell einmal explodiert, wobei sich der hohe Druck entlädt, unter dem es steht.

In die Geschichten des vorliegenden Buches, die dem Leser ein lebendiges inneres Bild vom Wesen der Blütenessenzen vermitteln wollen, sind teilweise die Signaturen der jeweiligen Pflanzen mit eingewoben, um einen möglichst nahen Kontakt zu den Pflanzen selbst zu schaffen. Diesem Zweck dienen auch die Farbfotos, und sie sollen das innere Bild des Blütenwesens durch ein äußeres Bild von der Gestalt der Blüte ergänzen.

Ich habe die Beobachtung gemacht, daß viele Menschen, die mit Bach-Blüten arbeiten, keinen inneren Bezug zu den Pflanzen haben, denen sie ihre Heilmittel verdanken. Einige haben diese Blütenpflanzen noch nie in der Natur gesehen, andere kennen nicht einmal ihre Namen, sondern nur die Nummer des Fläschchens. Meiner Erfahrung nach liegt jedoch ein großer Unterschied darin, ob man sich die Blüten durch einen persönlichen Kontakt zum Helfer macht oder ob man mit Arzneifläschchen arbeitet, über deren Inhalt man sich einige Informationen angelesen hat. Im letzteren Fall wird es im Bewußtsein des Behandlers nicht zu jener Begegnung zwischen dem Blütenwesen und dem Wesen des Kranken kommen, die für die sichere Wahl der richtigen Blütenessenz so wesentlich ist.

Nimmt nun ein Mensch die zu diesem Zeitpunkt für ihn passende Blütenessenz ein, so kommt die in Form eines spezifischen Schwingungsmusters in der Essenz enthaltene Information in Kontakt mit seinem problematischen Seelenaspekt. Natürlich finden wir diesen Aspekt beim Patienten vorwiegend in einer unerlösten Form (= Symptom), da er ja die damit verbundene Lernaufgabe noch nicht gelöst hat. Der Entwicklungsprozeß von der unerlösten Ebene zur Nutzung der im jeweiligen Seelenkonzept enthaltenen spezifischen Fähigkeit und Stärke (= erlöste Ebene) wird nun durch die Zufuhr der Schwingungsenergie der Blüten unterstützt.

Man könnte die Wirkungsweise der Essenzen mit der eines Katalysators bei einem chemischen Umwandlungsprozeß vergleichen, der durch dessen Anwesenheit aktiviert und unterhalten wird, ohne daß der Katalysator materiell beteiligt ist. In unserem Falle handelt es sich jedoch nicht um einen chemischen, sondern einen seelischen Umwandlungsprozeß. Wie bei homöopathischen Hochpotenzen kommt es hier auf der materiell-körperlichen Ebene zu keiner pharmakologischen Reaktion, wie etwa bei einem Psychopharmakon, das in den Stoffwechsel des Zentralnervensystems eingreift.

Die richtige Bach-Blüte wirkt wie ein Schlüssel, der ins Schloß der zum dazugehörigen Seelenraum führenden Türe paßt. Der Mensch wird dadurch auf die Tür aufmerksam, kann sie öffnen und sich somit den dahinterliegenden, bisher unbewußten psychischen Raum erschließen, in dem es durch das Öffnen der Türe heller geworden ist. Je mehr er sich mit diesem Raum vertraut macht, desto besser lernt er mit dem innewohnenden Prinzip umzugehen, verliert seine Angst davor und kann schließlich die vorher blockierte Energie ins Fließen bringen. Damit wäre dann die Lernaufgabe gelöst.

Folgende Geschichte von Mulla Nasrudin, dem weisen Narren des Orients, verdeutlicht die Notwendigkeit, den Schlüssel zur Heilung dort zu suchen, wo er verlorengegangen ist, nämlich auf der seelischen Ebene, auch wenn manchmal die körperlichen

Erscheinungen mehr ins Auge fallen (Aus Jaxon-Baer/Lorenz, Da lacht der Erleuchtete, Knaur-Verlag):

Mulla Nasrudin hat eines Nachts seinen Hausschlüssel verloren. Auf allen vieren sucht er im Lichtschein einer Straßenlaterne wie besessen jeden Zentimeter nach seinem Schlüssel ab. Ein Freund kommt vorbei und fragt ihn: „Was machst du da?"

Der Mulla antwortet: „Ich suche meinen Schlüssel." Sein Freund sagt: „O wirklich? Hast du ihn denn unter der Laterne verloren?"

Der Mulla schaut grinsend zu ihm hoch und antwortet: „Nein, ich habe ihn tatsächlich nicht hier, sondern dort drüben in den dunklen Büschen an der Pforte verloren, aber hier im Licht sieht man viel besser."

So unterschiedlich die einzelnen Themen und Seelenmuster auch sind, eines ist der Wirkungsweise aller 38 Essenzen gemeinsam: sie bauen eine Brücke zum essentiellen Wesenskern des Menschen, für den es viele Namen gibt (bei Bach: *geistiges oder höheres Selbst, Funke des Göttlichen in uns*) und der eine innere Instanz darstellt, die den Entwicklungsweg dieses Menschen genau kennt. Sie ist mit Kräften verbunden, die weit über die menschliche Ebene hinausgehen, und hat Zugang zu jener einzigen Kraft, aus der

Heilung kommen kann, zu Gott. Heilung kann niemals von Menschen *gemacht* werden, es können aber in der Zusammenarbeit zwischen Therapeut und Patient Voraussetzungen geschaffen werden, die Heilung begünstigen oder zumindest nicht verhindern, die Heilung selbst jedoch bleibt immer eine göttliche Gnade. Eine der wichtigsten Voraussetzungen ist die Hinwendung des Menschen zu seinem inneren Wesen, das in meinem therapeutischen Verständnis die Rolle des eigentlichen Therapeuten spielen sollte. Der äußere Therapeut sollte sich als Assistent des inneren Therapeuten seines Patienten verstehen, mit der Aufgabe, den Kontakt zu dieser inneren Instanz herzustellen und aufrechtzuerhalten. Bei diesem Anliegen sind die Bach-Blüten eine nicht zu unterschätzende Hilfe, weil sie die dauernde Anwesenheit des äußeren Therapeuten ersetzen und vor allem auch dann jenen heilenden Kontakt ermöglichen, wenn kein Therapeut mit dieser Vermittlungsfähigkeit zur Verfügung steht.

Stellen Sie sich ein Haus vor, das im Sonnenlicht steht, in dem es aber dunkel ist, weil die Fensterläden geschlossen sind. Wenn wir nun die Fensterläden öffnen, wird es hell.

Nun stellen Sie sich das gleiche Haus in dunkler Nacht vor, nur daß jetzt im Inneren das Licht einer einzigen Kerze brennt: Was geschieht nun, wenn wir wieder die Fensterläden öffnen? Verschlingt nun die übermächtige Finsternis das Licht der kleinen Kerze? Nein, es wird im Haus kein bißchen dunkler, ein wenig von dem Licht dringt sogar noch nach draußen.

Warum ist das so unterschiedlich bei beiden Experimenten? Warum verdrängt nicht die größere Menge jeweils die kleinere? Weil Licht und Finsternis nicht von der gleichen Art sind, weil das Licht existiert, während die Dunkelheit nur die Abwesenheit des Lichts ist und selbst keine positive Existenz hat. Deshalb hat es das Licht auch nicht nötig, gegen die Finsternis zu kämpfen, wie die Allopathie meint, sondern es erhellt den bisher dunklen, unbewußten Raum, so daß er sichtbar und erlöst wird. Und deshalb genügt auch sehr wenig Licht, um viel Finsternis zu erleuchten.

Wenn wir nun für das Licht das essentielle Wesen eines Menschen einsetzen, das mit Gott verbunden ist, wird auf sehr einfache Weise klar, warum durch den Brückenschlag, den die Bach-Blüten zwischen der unvollkommenen Persönlichkeit und dem vollkommenen Selbst ermöglichen, ein heilender Entwicklungsprozeß unterstützt wird, der zur Erlösung der Schattenseiten des Menschen führt.

Daraus sollte jedoch nicht geschlossen werden, daß die Bach-Blüten dem Menschen seine Entwicklungsarbeit abnehmen, sondern sie erleichtern sie ihm dadurch, daß sie auf direkterem Wege vollzogen werden kann und somit schneller und mit weniger Energieverlust vor sich geht. Diese Erfahrung konnte ich in Übereinstimmung mit anderen Psychotherapeuten immer wieder in der Praxis machen, bei Klienten nämlich, denen parallel zur Psychotherapie Bach-Blüten verabreicht wurden. In der Regel wird dadurch die Arbeit erleichtert, beschleunigt und vertieft, und es sind weniger Umwege nötig.

In den Geschichten dieses Buches wurde Wert darauf gelegt, nicht nur die in der Symptomatik des Patienten zugrundeliegende unerlöste Ebene des jeweiligen Seelenmusters darzustellen, sondern auch die erlöste Ebene als Endpunkt eines Entwicklungsprozesses, von dem die Geschichte erzählt.

Es ist das Anliegen des vorliegenden Buches, dem Leser eine einfache und wunderbare Heilmethode auf einfache Weise nahezubringen, deren Anwendung Edward Bach nicht nur in die Hände professioneller Therapeuten gelegt hat, sondern die allen Menschen zugänglich gemacht werden kann. Der Titel seines bekanntesten Werkes *„Heal Thyself"*, *„Heile dich selbst"* bringt dies zum Ausdruck.

Daß Einfachheit ein großes Anliegen Bachs war, zeigt folgendes Zitat: *„Für die Anwendung der Blütenessenzen sind keine wissenschaftlichen Erkenntnisse er-*

forderlich. Wer den größten Nutzen aus dieser göttlichen Gabe ziehen will, muß sie in ihrer Ursprünglichkeit rein erhalten, frei von Theorie und wissenschaftlicher Erwägung – denn alles in der Natur ist einfach."

Durch die Geschichten entsteht im Leser ein lebendiges Bild vom Wesen der Blüten, das gleichzeitig mit dem Namen und der Signatur der Pflanze verknüpft wird. Ferner wird durch die Geschichten nicht nur die gedankliche Ebene angesprochen, sondern auf direktem Wege auch die seelische, was einerseits zu einem Kontakt mit dem entsprechenden eigenen Seelenanteil führt und andererseits das Wiedererkennen des Musters bei sich selbst und anderen erleichtert. Der Leser wird sich vielleicht durch mehrere Geschichten persönlich angesprochen fühlen, sollte jedoch eine Geschichte dabei sein, die ihn so betroffen macht, daß es ihm vorkommt, als erzähle sie von ihm selbst, so hat er bereits die Blüte gefunden, die seinem Wesen entspricht.

Die Fotografien als zweites Element des Buches möchten ein Gefühl für die Schönheit der Blüten vermitteln und eine direkte Begegnung mit ihrer äußeren Gestalt, um das Wiedererkennen in der Natur als Voraussetzung für einen persönlichen Kontakt zu ermöglichen. Dieser Kontakt, der zum Erkennen des Blütenwesens in seiner äußeren Erscheinung und Eigenart (Signatur) führt, macht die Blüte zu einem lebendigen Helfer.

Im letzten Teil des Buches werden die Pflanzensignatur, das Thema, die unerlöste und die erlöste Ebene sowie die Lernaufgabe jeder Blüte in einem sogenannten „Blütentelegramm" möglichst kurz und abstrakt skizziert, um das in den Geschichten erworbene Wissen besser einordnen und strukturieren zu können. Diese Schemata eignen sich ferner zur Wiederholung und schnellen Orientierung über eine bestimmte Blüte.

Dieses dreiteilige Lehrkonzept hat sich in mehreren Seminaren bewährt, in denen Menschen ohne Vorkenntnisse auf sehr einfache und angenehme Weise einen guten Zugang zur Bach-Blütentherapie erwerben konnten. Seminarteilnehmer, die sich schon länger mit dieser Heilmethode befaßt hatten, konnten ihr Wissen vertiefen und ergänzen und eine größere Nähe zu den Blüten herstellen.

Die Geschichten selbst haben sich in meiner Praxis auch für Patienten als Erkenntnishilfen bewährt, denen ich bei der Verordnung einer Blütenessenz die entsprechende Geschichte vorgelesen habe. Das Wiedererkennen des eigenen Musters in den Geschichten führt zu einer hohen Bereitschaft, die Blütentropfen einzunehmen und den skizzierten Entwicklungsweg bewußt zu beschreiten. Über weitere Anwendungsmöglichkeiten der Geschichten wird im weiteren ausführlich berichtet.

Der großen Resonanz bei Patienten und Seminarteilnehmern ist auch der Impuls zu verdanken, das vorliegende Material zu veröffentlichen.

Entstehung der Geschichten

In meiner Tätigkeit als Psychotherapeut arbeite ich mit meinen Klienten hauptsächlich auf der Ebene der inneren Bilder, so daß ich täglich mit Bildern und Geschichten umgehe, die der Seele des Menschen entspringen. Wie wir am Beispiel unserer Träume sehen, offenbart sich unsere Seele sehr unmittelbar in Bildern und Geschichten. Andererseits sind über Jahrhunderte und Jahrtausende überlieferte Märchen und Mythen Ausdruck archetypischer, kollektiver seelischer Inhalte, Muster und Zusammenhänge.

Bei meinen Klienten, die einen psychotherapeutischen Prozeß durchlaufen, sind die Bach-Blüten immer ein Bestandteil der Therapie. Anders als bei Patienten, deren einzige Behandlung die Therapie mit Blütenessenzen ist, findet die Auswahl der Blüten in diesen Fällen fast ausschließlich anhand der erlebten inneren Bilder statt. Wenn das Muster der erlebten Geschichten mit dem Muster einer bestimmten Bach-Blüte übereinstimmt, so ist sie zu diesem Zeitpunkt das Mittel der Wahl.

Eine junge Klientin, die große Zweifel an ihren bisherigen Entscheidungen hinsichtlich ihrer Berufswahl quälten, erlebte sich zum Beispiel als ein junger Mann, der auf dem Weg zu einem Bewerbungsgespräch in einer

Bank ist. Er fühlt sich unsicher und fremd in seiner ungewohnt seriösen Kleidung, wie ein Revolutionär im Anzug. Während des Vorstellungsgesprächs wird ihm klar, daß der Bankjob doch nichts für ihn ist, und er geht wieder. Draußen befreit er sich erleichtert von dem Anzug und zieht sich Jeans an. Er nimmt alle möglichen Gelegenheitsjobs an, um zu essen zu haben, und schaut im übrigen, wo es ihn hinzieht. So kommt er auf einen runden Platz, von dem aus nach allen Seiten sternförmig Straßen in alle Richtungen führen. Es zieht ihn zu einer Allee, die auf ein Schloß zuführt. Dort erlebt sich die Klientin wieder als junge Frau und wird bereits erwartet: „Endlich bist du da!" Eine ältere Frau segnet sie und löst sich auf, während ein junger Mann auf sie zugeht und sie umarmt. Sie empfindet Wärme, Nähe und Vertrautheit mit dem Mann und fühlt sich zu Hause angekommen.

Aufgrund dieser Geschichte verordnete ich ihr Wild Oat.

Die Verknüpfung von Bach-Blüten und bildhaften Geschichten ergab sich also zwanglos aus meiner täglichen Praxis. Sicherlich sind in einige der vorliegenden Geschichten auch Elemente eingeflossen, die wiederholt in den Bildern von Klienten vorkamen.

Die Idee, Geschichten zu den Bach-Blüten zu schreiben, entwickelte sich aus folgender Begebenheit:

Auf der Suche nach einer geeigneten Form, einem Clematis-Patienten sein Muster vor Augen zu führen, kam ich auf die Idee, für ihn eine Geschichte zu schreiben, die ich ihm in der nächsten Sitzung erzählte. Ich hatte oft erlebt, daß Informationen, die in Geschichten und Bildern verpackt sind, viel leichter angenommen werden als abstrakte Informationen oder eine direkte Konfrontation. Der Klient kann sich gefahrlos darauf einlassen, denn die Geschichte handelt ja nicht von ihm, sondern von einem anderen Wesen. Diese Erfahrung bestätigte sich auch diesmal, zumal sich ein Clematis-Mensch mit der Welt der Phantasie sehr vertraut fühlt. Mein Klient war sehr betroffen und erkannte sich in der Geschichte wieder. Er erzählte mir viele Beispiele aus seinem Leben, die dem Clematis-Muster analog entsprachen, etwa, daß er als Schüler von den Lehrern häufig als Träumer bezeichnet worden war, daß er oft das Gefühl habe, beim Gehen den Boden nicht zu berühren, daß er gerne zu haluzinogenen Drogen greife und vieles andere mehr.

Daraufhin begann ich, auch zu anderen Bach-Blüten Geschichten zu schreiben, und bemühte mich, möglichst alle mir zur Verfügung stehenden Informationen darin unterzubringen. Mit diesen ersten Ergebnissen war ich allerdings sehr unzufrieden, die Geschichten wirkten konstruiert, unlebendig, und es schien ihnen etwas zu fehlen. Sie kamen mir wie Schnittblumen vor, die im Vergleich zu lebenden Blumen bei aller oberflächlichen Schönheit etwas Unlebendiges haben, weil sie ihrer lebensspendenden Wurzeln beraubt und, obwohl sie noch eine Weile *überleben* können, dennoch vom *Leben* abgeschnitten sind. So landeten meine ersten Geschichten im Papierkorb, und ich suchte nach Möglichkeiten, Geschichten mit einem spürbaren Eigenleben zu finden.

Es zeigte sich, daß ein eigener innerer Prozeß zur Geburt jeder Geschichte führte, der oft mehrere Wochen, manchmal Monate dauerte, ehe ich zu schreiben begann. Ich suchte die entsprechenden Pflanzen in der Natur auf, betrachtete sie, während ich auf das zu lauschen versuchte, was sie mir erzählen wollten. So lernte ich ihre Qualitäten, Eigenschaften, Vorlieben und Schwächen kennen. Oft setzte ich mich mit geschlossenen Augen und einer stock-bottle (Arzneifläschen, das die konzentrierte Blütenessenz enthält) in der Hand hin und beobachtete meine inneren Bilder. Im Lauf der Zeit entstand jeweils eine Stimmung, verknüpft mit bestimmten Bildern, aus denen dann nach und nach eine Geschichte ihr Eigenleben entfaltete. Manchmal veränderte sich der beabsichtigte Verlauf einer Geschichte beim Schreiben, weil die Handlung einfach so und nicht anders werden wollte. Durch den nahen Kontakt mit den Pflanzen drängten sich oft die Signaturen als Element einer Geschichte auf, manchmal habe ich sie oder auch die Pflanzennamen nachträglich eingewoben.

Die entstandenen Geschichten sind natürlich weniger vollgestopft mit Informationen als die ersten, konstruierten Versionen und enthalten manche Aspekte nur andeutungsweise, während andere mehr im Vordergrund stehen. Oft vermitteln sie mehr durch die Stimmung das Wesen der Blüte als durch ausgesprochene Informationen, die vom Verstand verarbeitet werden, und sprechen so die Seele oder das Herz des Lesers an.

Dies war allerdings auch ein Anliegen, das sich im Verlauf meiner Arbeit immer deutlicher formulierte, nämlich einen Zugang zu den Bach-Blüten zu schaffen, der sich nicht vorwiegend über die mentale Ebene eröffnet, sondern das Herz und die Seele der Menschen direkt erreicht. Ich selbst hatte oft große Schwierigkeiten beim Studium homöopathischer Arzneimittel oder der Bach-Blüten, die vielfältigen Informationen zu behalten und mit dem jeweiligen Mittel zu verknüpfen, wenn die verwendeten Materialien kein inneres Bild von dem beschriebenen Muster vermittelten. Ich wünschte mir dann immer bildhafte, lebendige Darstellungen, die mir die Möglichkeit geben würden, das Wesen der Arznei zu verstehen und nachzuvollziehen, um dann die einzelnen, sich daraus ergebenden Formen, wie z. B. Symptome, Ängste, Vorlieben und Schwächen ableiten zu können.

Anwendung der Geschichten

1. Als Lernmethode

Als ich mit dem Schreiben der Geschichten begann, hatte ich vor allem die Absicht, Therapeuten und interessierten Laien die Bach-Blüten auf lebendige und bildhafte Weise nahezubringen, was sich im Rahmen von Seminaren immer wieder sehr bewährte. Über die Geschichten lernten die Teilnehmer nicht nur auf eine sehr angenehme Weise, ohne sich besonders anstrengen zu müssen, sondern sie fanden auch sehr leicht die zu ihrem Wesen passenden Blüten heraus. Bei jedem Teilnehmer gab es nämlich mindestens eine Geschichte, die ihn tief berührte und in der er sich selbst wiederfinden konnte. Nicht selten kam in einer Pause jemand auf mich zu und fragte mich, wie ich eine Geschichte genau über ihn schreiben könne, wo ich ihn doch kaum kenne. Oft konnte ich beim Lesen der Geschichten heftige emotionale Reaktionen bei einzelnen Teilnehmern als Zeichen ihrer Betroffenheit feststellen. Im Anschluß an die Lesungen wurde ich häufig um die zugehörigen Bach-Blüten gebeten, so sicher waren sich die Hörer, daß sie ihre Blüte gefunden hatten.

2. Zur Information der Patienten

Schon bald fing ich an, meinen Patienten, denen ich Bach-Blüten verordnete, die jeweiligen Geschichten vorzulesen, wodurch sie auf sehr einfache Weise einen tiefen Zugang zum seelischen Muster ihrer Blüten bekamen, sich verstanden fühlten und sich damit identifizieren konnten. Dadurch waren sie sehr motiviert, die Essenzen regelmäßig einzunehmen, und konnten an der Auflösung der jeweiligen Blockierung bewußt und aktiv mitarbeiten. Da in den Geschichten immer auch ein Modell für die erlöste Ebene des Musters gegeben wird, hatten sie eine positive Vision vom zu erreichenden Ziel.

Wie wichtig es ist, den Patienten in den Prozeß der Mittelfindung einzubeziehen, und welch große Rolle die innere Haltung des Therapeuten und die Art und Weise spielt, wie die Arznei verabreicht wird, verdeutlicht folgende Geschichte aus der Sufi-Tradition (aus Idries Shah, Die Hautprobe, Herder-Verlag):

Granatäpfel

Ein Schüler sprach im Haus eines Sufi-Arztes vor, um als Student der Heilkünste angenommen zu werden. „Du bist ungeduldig," sagte der Doktor, „deshalb wirst du Dinge nicht wahrnehmen, die du lernen mußt." Aber der junge Mann flehte ihn an, und schließlich stimmte der Sufi einer Aufnahme zu. Nach einigen Jahren bekam der Schüler das Gefühl, schon einen Teil der erlernten Fähigkeiten anwenden zu können. Eines Tages nun näherte sich ein Mann dem Haus, und der Arzt sagte, nachdem er ihn von Weitem beobachtet hatte: „Dieser Mann ist krank. Er braucht Granatäpfel." „Du hast die Diagnose gestellt, laß mich das Verschreiben übernehmen, dann habe ich die halbe Arbeit erledigt," sagte der Student. „Gut," sagte der Lehrer, „vorausgesetzt, du denkst daran, daß Handeln auch als Erläuterung betrachtet werden sollte."

Kaum hatte der Patient die Schwelle des Hauses erreicht, da wurde er schon vom Lehrling hereingeführt: „Du bist krank. Iß Granatäpfel!" „Granatäpfel!" rief der Patient, „Granatäpfel über dich – so ein Unsinn!" Und er ging wieder fort. Der junge Mann fragte den Meister nach der Bedeutung dieses Wortwechsels. „Ich werde es dir das nächste Mal an einem ähnlichen Fall erläutern." Wenig später saßen die beiden vor dem Haus, als der Meister aufschaute und einen Mann näherkommen sah. „Hier kommt das Beispiel für dich – ein Mann, der Granatäpfel braucht." Der Patient wurde hereingeführt, und der Doktor sagte zu ihm: „Sie sind ein schwieriger und verwickelter Fall, soviel kann ich schon erkennen. Mal sehen..., ja, Sie brauchen eine besondere Diät. Die muß aus etwas Rundem bestehen, mit kleinen Säckchen innen und in der Natur vorkommend... Eine Orange – die hat die falsche Farbe... Zitronen sind zu sauer... ich hab's: Granatäpfel!" Erfreut und dankbar ging der Patient wieder nach Hause. „Aber Meister", sagte der Student, „warum hast du ihm die Granatäpfel nicht gleich verschrieben?" „Weil er außer den Granatäpfeln auch noch Zeit brauchte."

Oft konnte ich beobachten, daß die gehörten Geschichten in den Patienten präsent und lebendig blieben und als Orientierungsrahmen für die vollzogene Entwicklung benutzt wurden.
So berichtete z. B. ein Cherry Plum-Patient etwa 6 Wochen nach Beginn der Behandlung: „Jetzt habe ich meinen Schafspelz abgelegt". Seine aggressiven Impulse, die er immer zu unterdrücken versucht hatte und die sich von Zeit zu Zeit explosiv entladen hatten, konnten nun adäquat und sinnvoll genutzt werden. Der Anlaß für seine Äußerung war die Tatsache, daß er endlich gewagt hatte, seinem diktatorischen Chef in aller Ruhe seine Meinung zu sagen und zwar mit Erfolg: er konnte in eine selbständigere Position wechseln.

Eine Mimulus-Patientin erzählte mir nach drei Wochen, sie sei schon in Kontakt mit dem Gaukler, habe auch schon einiges von ihm gelernt, aber meist halte sie sich noch im Inneren seines Planwagens auf: Bis sie sich aufs Hochseil wage, werde es allerdings schon noch ein Weilchen dauern.

3. Als differentialdiagnostisches Hilfsmittel

Die Zahl der Komponenten in den von mir verabreichten Bach-Blütenmischungen wurde über die Jahre immer kleiner. Während ich anfangs oft mit 5-6 Komponenten arbeitete, sind es jetzt durchschittlich nur noch 1-3 Essenzen, die ein Patient zur gleichen Zeit einnimmt. Natürlich treffen immer mehrere Blüten auf einen Menschen zu, aber ich versuche herauszufinden, welches Muster gerade *aktiv* ist, das heißt zu diesem Zeitpunkt am aktuellsten. Ich habe die Erfahrung gemacht, daß die Entwicklungsschritte klarer verlaufen, wenn jeweils *der* Schritt unterstützt wird, den der Patient gerade im Begriff ist zu vollziehen. Danach folgt dann oft eine der Blüten, die bereits beim Erstgespräch deutlich sichtbar waren, aber noch nicht so aktuell. Werden dagegen alle 5 oder 6 Blüten gleichzeitig verabreicht, kann der Prozeß an Klarheit verlieren. Als ich noch mit umfangreicheren Mischungen arbeitete, konnte ich häufig beobachten, wie die gemachten Entwicklungsschritte zwischen den einzelnen Komponenten wechselten, und es zeigte sich, daß nur jeweils 1-2 Blüten gleichzeitig aktiv waren. Solche Beobachtungen waren vor allem im Rahmen von intensiven psychotherapeutischen Prozessen möglich, während derer ich meine Patienten fast täglich sah. Auf diese

Weise ergab es sich, daß ich die Bach-Blüten sehr aktuell auswählen konnte, jeweils zur gegenwärtigen Arbeit passend.

Wie wichtig der Zeitfaktor für die Wirkung einer Arznei ist, davon erzählt unter anderem die folgende Sufi-Lehrgeschichte (aus Idries Shah, Die Hautprobe, Herder-Verlag):

Heilmittel

Jahre verbrachte ein gewisser Derwisch damit, eine Medizin für einen kranken – und zufällig auch reichen – Mann zu vervollkommnen. Das Gelingen des Präparats war so aufregend für ihn, daß er sich damit auf den Weg zu seinem Patienten machte, ohne den Rat seines Sufi-Mentors einzuholen, ob sich nicht die Umstände inzwischen geändert hätten. So kam es, daß er auf der Reise in einer Karawanserei einem anderen Mann begegnete und ihm von der Zusammensetzung und der wunderbaren Wirkung seiner Entdeckung berichtete. Des Nachts, während er schlief, stahl ihm dieser Schurke die Medizin, ersetzte sie durch gezuckerten Granatapfelsaft und eilte voraus zu dem kranken Mann in der Hoffnung auf Belohnung. Der Bösewicht gab dem reichen Mann etwas von der Medizin, aber sofort verschlechterte sich dessen Zustand. Und überzeugt, daß der Derwisch verrückt und seine Medizin nutzlos sei, schlich sich der Dieb davon. Auch sein Wissen um das Rezept war nun für ihn wertlos geworden. Er war sogar erleichtert, daß er unentdeckt geblieben war und daß ihn die Diener des Patienten nicht als Scharlatan verprügelt hatten. Als der Derwisch ans Bett des Kranken trat und ihm den Granatapfelsaft einflößte – war er von einem einzigen Schluck geheilt.

Aus dem Gesagten ergibt sich, daß der Differentialdiagnose ein hoher Stellenwert zukommt. In diesem Zusammenhang haben sich meine Geschichten immer wieder bewährt. Möchte ich z. B. herausfinden, welche von zwei passenden Blüten gerade aktueller ist, so lese ich meinem Patienten beide Geschichten vor und beobachte dabei sehr aufmerksam seine Reaktionen. Dabei läßt sich fast immer ein deutlicher Unterschied in der Intensität der Reaktion feststellen, das heißt, bei einer der beiden Geschichten ist mehr Betroffenheit spürbar, ausgedrückt durch Gefühle oder Emotionen, oder der Patient äußert spontan eine Vorliebe für eine der Blüten. Auf diese Weise ist es möglich, den Patienten in die Entscheidung mit einzubeziehen, sowohl auf einer bewußten als auch auf einer unbewußten, emotionalen Ebene. Dadurch fühlt er sich ernstgenommen und vertraut sich dem Prozeß mit höherer Motivation an.

So las ich beispielsweise einer Klientin die Geschichten von Rock Water und Oak vor. Während sie bei der Oak-Geschichte aufmerksam, interessiert und gelegentlich nickend zuhörte, liefen ihr beim Vorlesen der Rock Water-Geschichte die Tränen aus den Augen und sie spürte eine unendliche Sehnsucht nach der sprudelnden Lebendigkeit des Baches, der von den kantigen Felsen zum Meer fließt und dabei das harte Gestein in glitzernden Sand verwandelt.

Ich habe nur selten erlebt, daß nach dem Vorlesen oder Erzählen zweier Geschichten die Wahl schwerfiel. In den meisten dieser Fälle lag es daran, daß beide Blüten zur gleichen Zeit gebraucht wurden, weil zwei verschiedene Ebenen angesprochen waren. Häufig ist dann die eine Blüte ein *Situationsmittel* und die andere ein *Konstitutionsmittel*.

Dazu ein Beispiel: *Ein Klient befand sich augenblicklich in einer Krise, weil durch fast gleichzeitige Veränderungen auf mehreren Gebieten sein Gleichgewicht zutiefst erschüttert worden war. Er hatte seine Arbeitsstelle verloren und mußte aus beruflichen Gründen seine Heimatstadt verlassen. Im gleichen Zeitraum ging eine längerdauernde Beziehung in die Brüche. Er war depressiv, verzagt und sah pessimistisch und voller Zweifel in die Zukunft.*

Ich gab ihm Walnut für die Situation und Gentian für seine Konstitution, denn der Mangel an Urvertrauen hatte sich immer wieder in seinem Leben gezeigt, wenn sich ihm Hindernisse in den Weg stellten. Beide Geschichten berührten ihn, obwohl er Zweifel anmeldete, ob er nicht in der Geburt steckenbleiben würde.

4. Als therapeutisches Werkzeug

Bei denjenigen Klienten, die bei mir in Psychotherapie sind, kommt es gelegentlich vor, daß jemand keine Bach-Blüten einnehmen will, während sich mir eine bestimmte Blüte geradezu aufdrängt. Dann lese ich die Geschichte vor und mache sozusagen Bach-Blütentherapie ohne Blütenessenzen. Die hilfreiche Information des Blütenmusters wird dann in Form der Geschichte vermittelt, und ich konnte immer wieder feststellen, daß dadurch positive Entwicklungsimpulse gesetzt wurden.

So erzählte ich beispielsweise einem klassischen Homöopathen, für den die Einnahme einer Arznei, die nicht homöopathischen Ursprungs war, prinzipiell nicht in Frage kam, die Beech-Geschichte. Er wirkte nicht sonderlich beeindruckt, überraschte mich aber etwa 2 Monate später mit der Frage, ob ich ihm jetzt doch die Blütenessenz geben könne, er habe das Bedürfnis, den reinen Buchenwald zu verlassen, um in einen lebendigeren und bunteren Mischwald zu gehen.

In anderen Fällen verwende ich die Geschichten im Rahmen der Psychotherapie als therapeutisches Element auch dann, wenn mir die Einnahme der zugehörigen Blütenessenz zu diesem Zeitpunkt nicht sinnvoll erscheint. Die Geschichte hat dann die Funktion einer Lehrgeschichte oder soll einen Impuls setzen, mit dem ich anschließend psychotherapeutisch weiterarbeiten kann. Da die Geschichte ein archetypisches Muster repräsentiert, kann sie das entsprechende Prinzip im Menschen ansprechen und aktivieren.

So benutze ich beispielsweise die Pine-Geschichte, wenn ich einen Klienten über das im Abendland sehr verbreitete Mißverständnis hinsichtlich des Themas *Schuld* aufklären möchte, das Schuld immer mit Strafe koppelt anstatt mit Erlösung im Sinne der Frage: *Was bin ich mir noch schuldig, welche Teile meines Wesens habe ich noch nicht erlöst?*

Auf ähnliche Weise verwende ich auch andere Geschichten, wie sie beispielsweise in großer Zahl als Lehrgeschichten der Sufi-Tradition überliefert sind. Es zeigt sich immer wieder, daß die Klienten sich oft auf sehr schwer anzunehmende Inhalte einlassen können, wenn sie ihnen in Form einer Geschichte oder eines Märchens präsentiert werden. So können sie sich mit dem eigentlichen Thema beschäftigen, ohne daß mit dem Finger auf sie gezeigt wird. Würde man sie hingegen direkt konfrontieren, wäre die Abwehr so groß, daß alle Türen verschlossen blieben.

5. Als Ausgangspunkt einer therapeutischen Arbeit

Häufig führe ich am Anfang einer Therapiesitzung ein Gespräch mit meinem Klienten, dessen Ergebnis unter anderem eine Bach-Blüte ist. Ich erzähle ihm dann die zugehörige Geschichte oder lese sie vor und verabreiche ihm die erste Gabe des Mittels. Daraufhin wechseln wir die Arbeitsebene, er legt sich hin, und wir beginnen mit den inneren Bildern. Dabei verwende ich manchmal die Geschichte als Ausgangspunkt mit der Absicht, dem Klienten zu seiner eigenen Geschichte hinsichtlich der verabreichten Bach-Blüte zu verhelfen.

Zum Beispiel erlebte sich eine Mimulus-Klientin als Mimolo und machte zusammen mit ihrem Lehrmeister, dem Gaukler, viele Erfahrungen, die bisher für sie sehr angstbesetzt waren. Sie kletterte auf hohe Bäume, sprach Passanten an, um sie für eine abendliche Vorstellung auf dem Marktplatz als Zuschauer zu gewinnen, sammelte anschließend mit dem Hut das Geld ein und machte für die Darbietungen des Gauklers die Ansagen, denen sie einen kräftigen Trommelwirbel vorausgehen ließ. Eines Tages kam dann der Abschied von dem Gaukler, und sie zog alleine ihres Weges, auf dem sie wiederum durch einige Angstsituationen hindurchging. Am Ende ihrer Geschichte gründete sie einen Zirkus und brachte es mit sehr viel Mut, Geschick und Ausdauer fertig, zusammen mit anderen alles Nötige zu beschaffen, obwohl sie anfangs mittellos war. Die erste Vorstellung war ein einziges Freudenfest für sie, abgesehen von der Angst, die sie kurz vor ihrem Auftritt überwinden mußte, um sich im freien Fall aus der Zirkuskuppel in die Hände ihres Partners fallen zu lassen, der ihr auf dem Trapez 15 Meter weiter unten entgegenschwang.

Anregung zum Finden eigener Geschichten

Die vorliegenden Geschichten sind als Modell zu verstehen, als *eine* mögliche Form, das archetypische Muster einer Bach-Blüte auszudrücken. Dabei kommt natürlich auch der subjektive Blickwinkel des Verfassers zum Tragen, und meine Geschichten sind eine persönliche Variante der Botschaft der Blütenessenzen. Dadurch erklärt sich die Tatsache, daß manche Aspekte des Gesamtmusters mehr betont sind als andere, die dagegen in den Hintergrund rücken. Obwohl ich mich bemüht habe, alle wichtigen Charakteristika zu berücksichtigen, kommt es immer wieder vor, daß etwas nur angedeutet ist.

Aus diesem Grunde erheben meine Geschichten nicht den Anspruch, eine verbindliche Form für den Leser darzustellen, sondern wollen die eigenen inneren Bilder lebendig machen, wollen zu eigener Kreativität anregen, für die im Grundgerüst der angebotenen Geschichten noch viel Raum bleibt. Mancher Leser, der mit den Bach-Blüten bereits vertraut ist, wird in der einen oder anderen Geschichte auf Stellen stoßen, die seinem Bild von der Blüte nicht ganz entsprechen. Dort ist er eingeladen, seine eigene Version zu schaffen und die Geschichte auf diese Weise weiterzuerzählen.

Das Erzählen einer Geschichte ist dem Vorlesen immer überlegen, da es die lebendigere Form der Wiedergabe ist, die sowohl die Persönlichkeit des Erzählers als auch den Bewußtseinsstand der Zuhörer miteinbezieht. So werden Sie einem Kind eine Geschichte sicherlich anders erzählen als einem Universitätsprofessor. In der orientalischen Tradition des Geschichtenerzählers wurden über Jahrhunderte hinweg die teilweise sehr komplexen Geschichten nur von Mund zu Ohr weitergegeben und durften nicht aufgeschrieben werden. Wer diesen Beruf erlernen wollte, zog jahrelang mit seinem Meister von Ort zu Ort, bis er den großen Schatz an Fabeln, Erzählungen, Märchen und anderen Geschichten beherrschte. Auf diese Weise blieben die Geschichten lebendig, denn sie wurden von Generation zu Generation mit neuem Leben erfüllt. Das Wesen der Geschichten blieb immer erhalten, aber die äußere Form wandelte sich mit dem jeweiligen Erzähler und mit dem Publikum.

In diesem Sinne wünsche ich mir, daß meine Geschichten von jedem Leser durch eigene Lebendigkeit bereichert und weitergetragen werden. Insbesondere bei der Arbeit mit Kindern ist das Erzählen unbedingt dem Vorlesen vorzuziehen, um die Geschichten dem Denken und der Erfahrungs- und Erlebniswirklichkeit des jeweiligen Kindes anzupassen. Kinder sind meist auch gerne bereit, ihre eigene Kreativität miteinzubringen, wenn man ihnen beim Erzählen Fragen stellt oder sie bei einer bekannten Geschichte selbst weitererzählen läßt.

Auch im Rahmen einer professionellen Anwendung der Bach-Blüten können die Geschichten den Patienten anregen, über eigene Bilder und Visionen in den von den Bach-Blüten eröffneten und unterstützten Bewußtseinsprozeß einzusteigen. Insbesondere für Therapeuten, die mit imaginativen und kreativen Methoden arbeiten, ist dies eine sehr einfache und schöne Möglichkeit, den persönlichen Lösungsweg eines Klienten im Rahmen eines Bach-Blütenmusters zu sehen. Abgesehen vom therapeutischen Wert dieser Arbeit für den Klienten, eröffnen sich für den Therapeuten immer neue Aspekte und Spielformen der jeweiligen Bach-Blüte. Auf diesem Wege habe ich sehr viel von meinen Klienten gelernt.

So erlebte sich eine Klientin im Anschluß an die Einnahme und das Hören der Geschichte von Wild Rose als körperloses Wesen zum Zeitpunkt kurz vor ihrer Zeugung. Sie war nicht sonderlich davon begeistert, auf die Welt kommen zu sollen, wäre aber dazu bereit gewesen, wenn ihr ihre Eltern und die Welt besser gefallen hätten. Es mißfiel ihr, wie der Vater die Mutter bedrängte, die offensichtlich noch nicht bereit war, sich ihm hinzugeben. „Nein" sagte sie sich, „so nicht, nicht mit mir, wenn die Welt so ist, dann will ich nicht geboren werden."

Trotzdem konnte sie sich dem Sog der Empfängnis nicht entziehen und ließ schließlich alles teilnahmslos über sich ergehen.

Die Zeit im Mutterleib erlebte sie, als ob sie das alles nichts anginge, doch als es dann kurz vor der Geburt ziemlich eng wurde, wollte sie einerseits heraus aus der Enge, andererseits hatte sie aber Angst vor der kalten Welt, in der sie befürchtete, alleingelassen zu werden und verlorenzugehen. Als die Geburt begann, verdichtete sich ihr Widerstand zu einem großen NEIN: „Ich will nicht raus, will aber auch nicht drinbleiben." Sie wehrte sich aber nicht aktiv, indem sie strampelte oder versuchte, sich festzuhalten, sondern übte passiven Widerstand: „Ich lege mich quer." Schließlich wurde sie von riesigen Händen rausgezogen und sagte: „Mir ist jetzt alles egal." Auf der Welt fühlte sie sich fehl am Platz, war teilnahmslos und uninteressiert, auch zum Atmen hatte sie keine Lust.

Noch vor meine eigenen Geschichten möchte ich eine Geschichte aus der Feder von Edward Bach stellen, die von 16 seiner Blütenwesen erzählt. Neben dieser sind auch noch andere Geschichten von ihm überliefert, und wer weiß, vielleicht hätte auch er zu allen Blüten eine Geschichte geschrieben, wenn sein Leben länger gedauert hätte.

Die Geschichte von den Reisenden

Es waren einmal – denn so fängt es immer an: Es waren einmal – sechzehn Reisende, die sich aufmachten, ihren Weg durch den Wald zu beschreiten.

Zunächst ging alles gut, aber nachdem sie eine gewisse Strecke hinter sich gebracht hatten, fing einer von ihnen an – es war Odermennig –, sich Sorgen zu machen, ob man sich auf dem richtigen Wege befinde. Am Spätnachmittag, als man immer weiter in die Schatten des Waldes eingedrungen war, begann ein anderer, die Gauklerblume, sich zu fürchten, daß man vom Wege abgekommen sei. Als die Sonne dann unterging und die Schatten des Waldes sich vertieften und die Geräusche und Laute der Nacht hörbar wurden, erschrak das Sonnenröschen darüber, und sein Schrecken steigerte sich zu hellem Entsetzen. Als inmitten der Nacht alles in Schwärze getaucht war, verlor der Stechginster alle Hoffnung und meinte: „Ich kann nicht weitergehen. Geht ihr voran, ich werde hier bleiben, wie ich bin, bis der Tod mich von meinem Leiden erlöst."

Eiche jedoch sprach, obwohl sie das Gefühl hatte, alles sei verloren und sie werde das Licht des Tages nie wieder erblicken: „Ich werde bis zum Schluß weiterkämpfen" und machte sich wildentschlossen daran.

Der Einjährige Knäuel hatte etwas Hoffnung, aber von Zeit zu Zeit litt er so unter Unsicherheit und Unentschlossenheit, daß er erst den einen Weg gehen, dann aber schon im nächsten Augenblick einen anderen beschreiten wollte.

Die Waldrebe stapfte ruhig und geduldig voran und kümmerte sich nicht im geringsten, ob sie am Ende in den erlösenden Todesschlaf sinken oder aus dem dichten Wald finden würde.

Der Enzian heiterte die Gesellschaft von Zeit zu Zeit auf; dann aber wieder verfiel auch er in Verzweiflung und verzagte.

Andere Reisende hatten nie Angst, nicht durchzukommen, und wünschten auf ihre Weise so sehr, ihren Gefährten helfen zu können.

Das Heidekraut war sich ganz sicher, den Weg zu wissen, und wollte, daß alle anderen ihm folgten. Die Wegwarte machte sich keine Gedanken um den Ausgang am Ende, war aber eifrig besorgt, ob ihre Gefährten fußkrank oder müde wären und ob sie genug zu essen hätten. Die Bleiwurz traute ihrem eigenen Urteil nicht viel zu und wollte jeden Weg ausprobieren, um sicherzustellen, daß sie nicht in die Irre gingen, und das kleine, sanfte Tausendgüldenkraut wollte ihnen so die Bürde erleichtern, daß es bereit war, jedermanns Gepäck zu tragen. Zum Pech für das kleine Tausendgüldenkraut schleppte es jedoch meist die Last jener, die selbst am besten in der Lage waren, ihr Reisegepäck zu tragen, weil sie am lautesten lamentierten.

Quellwasser war Feuer und Flamme, wo es ums Helfen ging, bedrückte die Reisegesellschaft aber etwas, weil es ständig kritisierte, was man falsch machte, und immer alles genau und besser wußte. Eisenkraut sollte den Weg auch gut genug gekannt haben, aber obwohl es etwas verwirrt war, hielt es lange Reden über den einzigen Weg, der aus dem Wald führen sollte. Auch Springkraut kannte den Heimweg gut und so genau, daß es immer ungeduldiger wurde mit jenen, die etwas langsamer waren. Die Sumpfwasserfeder war den Weg früher schon einmal gegangen und wußte die genaue Richtung, war aber etwas stolz und hochmütig, weil andere das nicht verstanden. Sie hielt die anderen für etwas minderbemittelt.

Am Ende gelangten sie alle durch den Wald.

Nun gehen sie als Führer für andere Reisende, die den Weg noch nicht kennen, und weil sie wissen, wie man durch den Wald gelangt; und weil sie wissen, daß das Dunkel im Wald nur die Schatten der Nacht sind, gelten sie als furchtlos, und jeder der sechzehn lehrt die Lektion und gibt ein Beispiel auf seine Art.

Odermennig schlendert sorglos dahin und scherzt über alles. Gauklerblume kennt keine Furcht mehr, Sonnenröschen ist selbst im tiefen Dunkel ein Vorbild von ruhigem, gelassenem Mut. Stechginster erzählt selbst in der schwärzesten Nacht von dem Fortschritt, den man hinter sich haben werde, wenn am anderen Morgen die Sonne aufgehe.

Eiche steht unbewegt und trotzt dem wütendsten Sturm, der Einjährige Knäuel schreitet mit vollkommener Sicherheit einher, die Waldrebe hat ihren Blick voller Freude auf das Ende der Reise gerichtet und der Enzian läßt sich von keinen Schwierigkeiten oder Rückschlägen entmutigen.

Heidekraut hat gelernt, daß jeder Wanderer seinen eigenen Weg gehen muß, und geht ruhig voraus, um zu zeigen, daß es zu bewältigen ist. Wegwarte ist immer zur Stelle, um ihre helfende Hand zu reichen, aber nur, wenn sie darum gebeten wird, und dann in aller Stille. Bleiwurz kennt die kleinen Pfade allzugut, die nirgendwohin führen, und Tausendgüldenkraut blickt immer nach dem Schwächsten aus, dem seine Last am schwersten ist.

Quellwasser hat vergessen, Vorwürfe zu machen, und verbringt seine Zeit damit, anderen Mut und Zuspruch zu schenken. Eisenkraut predigt nicht mehr, sondern weist schweigend den Weg.

Springkraut kennt keine Eile mehr, sondern hält sich meist bei den Letzten auf, um mit ihnen langsam weiterzugehen. Sumpfwasserfeder, mehr Engel als Mensch, geht durch die Reisegesellschaft wie ein warmer Lufthauch oder ein Strahl goldenen Sonnenlichts, der jeden segnet.

Bei der Lektüre der Blüten-Geschichten wünsche ich Ihnen viel Freude und die Bereitschaft, sich mitnehmen zu lassen in die innere Welt der Seele, um dabei auf eine Reise zu gehen, die Sie Ihrem eigenen Wesen und dem der Bach-Blüten näherbringen möge.

AGRIMONY

Die Begegnung

In einem von lieblichen Weinbergen umgebenen, sonnigen Städtchen, das an ein dunkles Waldgebiet angrenzte, lebte ein fröhliches junges Mädchen mit dem Namen Agrimonia. Sie war bei allen Leuten im Dorf beliebt, weil sie immer ein heiteres, freundliches Lächeln auf den Lippen hatte und es verstand, an die leichten und sonnigen Seiten des Lebens zu erinnern. Sie selbst schien das Leben nur von dieser einen Seite zu kennen, denn sie klagte niemals, und sooft sie nach ihrem Befinden gefragt wurde, gab sie lächelnd zur Antwort, es könnte ihr gar nicht besser gehen. Meist lenkte sie dann schnell mit einem Späßchen oder einer interessanten Neuigkeit von sich ab und erfreute die Leute mit ihrem Humor und ihrer Fröhlichkeit.

Schwierigkeiten und Konflikte waren ihr äußerst unangenehm, und sie war bereit, alles zu tun, um solche Situationen zu vermeiden und Frieden und Harmonie zu erhalten. Sie selbst ließ es erst gar nicht zum Konflikt kommen, da sie sich rechtzeitig dem Standpunkt des anderen anpaßte. Häufig jedoch erlebte sie Streitigkeiten und Meinungsverschiedenheiten in ihrer Umgebung, an denen sie selbst nicht direkt beteiligt war. Sie versuchte dann mit Eifer und großem Geschick, den Streit zu schlichten und zwischen den Parteien zu vermitteln. Dadurch geriet sie oft als Streiterin für Harmonie und Frieden ins Feuer des Gefechts und wurde manchmal sogar von beiden Seiten angegriffen, die sich gegen sie verbündet hatten. Daraufhin fühlte sie sich unverstanden und traurig, zeigte diese Gefühle jedoch nie, und es gelang ihr meist, sich durch Leichtigkeit und Witz aus der mißlichen Lage zu befreien. Obendrein verstand sie es, die Streitenden abzulenken und auf andere Gedanken zu bringen.

Tagsüber arbeitete Agrimonia als Friseuse in dem kleinen Barbierladen, in dem sie schon als Lehrling gewesen war. Sie liebte ihre Arbeit und war sehr geschickt darin, das Beste aus jedem Typ zu machen und die vorteilhaftesten Seiten ihrer Kundinnen in den Vordergrund zu bringen, das weniger Schöne jedoch zu verdecken. Dazu gebrauchte sie gerne auch Puder und Schminke. Auch auf ihre eigene äußere Erscheinung verwendete sie sehr viel Sorgfalt und zeigte sich nur in schönen Kleidern, perfekt frisiert und geschminkt.

In ihrer Freizeit war Agrimonia sehr aktiv und immer in Bewegung. Sobald eine Pause eintrat, wurde sie unruhig und fand schnell eine neue Beschäftigung. In der Regel war sie in Gesellschaft und vermied es, alleine zu sein. So kam sie auch abends meist spät nach Hause, nachdem sie auf einem Fest, einer Tanzveranstaltung oder einer anderen Form der Geselligkeit mit ihrem heiteren Wesen zum Gelingen des Abends beigetragen hatte.

Mit der Zeit empfand sie nach solchen Abenden ein Gefühl der inneren Leere und Traurigkeit. Es geschah nun immer häufiger, daß sie abends keinen Schlaf finden konnte, sich unruhig von einer Seite auf die andere drehte und sich dabei traurig und einsam fühlte. Immer deutlicher spürte sie, daß ihr Leben sehr oberflächlich und ohne echten Kontakt war. Sie war bei all den vielen Bekanntschaften innerlich sehr einsam, denn sie hatte keinen Freund, dem sie sich nahe fühlte und dem sie sich gezeigt hätte, wie sie wirklich war. Sie hatte bis jetzt niemandem gestattet, der ganzen Agrimonia zu begegnen, nicht nur der Fassade, die sie den anderen Menschen zeigte und hinter der sie sich wie unter einer Maske verborgen hielt.

Zunehmend spürte sie, wie die versteckten Teile ihres Wesens, ihre Traurigkeit und Niedergeschlagenheit, ihre Einsamkeit und Verzweiflung, ihr Ernst und die Dunkelheit, die Schwere und das Leid aus dem Kerker der harmonischen, sonnigen Fassade ans Licht drängten, spürte aber gleichzeitig, wie die Angst, sich zu zeigen und zu öffnen und dadurch verletzlich zu werden oder das Gesicht zu verlieren, wie diese Angst das Gefängnis noch enger werden ließ und die Einsamkeit größer.

Während sie früher sehr viel Spaß an der luftigen Heiterkeit ihres Lebens gehabt hatte, kostete es sie jetzt große Mühe, diese Rolle überzeugend weiterzuspielen. Doch sie versuchte es und behielt ihre Seelenqual für sich. Viel öfter als früher war sie nun allein, blieb zu Hause oder ging spazieren im nahegelegenen Wald.

Eines Abends, als sie tiefer als sonst in den Wald hineingelaufen war, erreichte sie eine runde Lichtung, die auf allen Seiten von Wald umgeben war. Dort stand eine kleine, armselige Holzhütte, aus der gerade eine schwarz gekleidete, gebeugte alte Frau ins Freie trat. Ihre Gesichtszüge waren von Leid verdunkelt und ihr Körper schien von einer schweren Last gedrückt zu sein. Sie standen einander staunend gegenüber, denn sie waren beide von dieser Begegnung überrascht. Sie sahen sich lange schweigend in die Augen und es war ihnen, als ob sie sich wiedererkennen würden, obwohl sie einander noch nie begegnet waren. Agrimonia spürte Nähe und Vertrautheit mit dieser alten Frau, wie sie sie noch nie erlebt hatte. Sie setzten sich auf die Bank vor der Hütte in die Abendsonne und erzählten einander von sich selbst, so, wie es alte Freunde tun.

Agrimonia erfuhr von der alten Frau, daß jene in ihrer Jugend genauso gelebt hatte wie sie selbst, bis sie sich ihrer Einsamkeit und Gefangenschaft hinter der heiteren Maske bewußt geworden war. Dann habe sie sich allen Ängsten zum Trotz einem Mann geöffnet und sich in ihn verliebt. Nach kurzer Zeit habe der Mann sie jedoch wegen einer anderen verlassen. Das habe sie so verletzt und enttäuscht, daß sie sich ganz von den Menschen zurückgezogen habe, um nie mehr Gefahr zu laufen, sich wieder zu zeigen und verletzlich zu machen. Agrimonia war der erste Mensch, mit dem die alte Frau seit dieser Zeit gesprochen hatte, und war die einzige, der sie von ihrem Leid erzählt hatte.

Nachdem die Alte mit ihrem Bericht fertig war, fiel sie Agrimonia unter Tränen der Erleichterung in die Arme, und Agrimonia weinte mit ihr. Auch sie fühlte sich unglaublich befreit dadurch, daß sie sich einem Menschen ganz geöffnet und gezeigt hatte. Jede der beiden Frauen konnte die andere aus tiefstem Herzen verstehen, und beide waren glücklich darüber. Es war schon dunkel, als sie ins Haus gingen und im Schein einer Öllampe die halbe Nacht zusammensaßen. Die Stimmung wurde von Stunde zu Stunde leichter, heller und heiterer, und obwohl ihr Gespräch sehr tief und ernsthaft war, lachten sie oft miteinander.

Agrimonia blieb einige Wochen bei ihrer ersten Freundin, und beide veränderten sich sehr schnell. Die alte Frau, die übrigens Eupatoria hieß, fing an, farbige Kleider zu tragen, ihr Gesicht hellte sich auf und ihre Gestalt wurde wieder aufrecht, so, als habe sie eine zentnerschwere Last abgelegt. Agrimonia trug einfache Kleider, hörte auf, sich zu schminken und war bald eine natürliche, junge Frau.

Nach einiger Zeit beschlossen die beiden Freundinnen, in die Stadt zu ziehen, da die Abgeschlossenheit nun auch zu Eupatoria nicht mehr paßte. Agrimonias viele Bekannte in der Stadt wunderten sich über deren plötzliche Veränderung, und viele wußten nun nichts mehr mit ihr anzufangen. Aus vielen Bekannten wurden wenige Freunde, denen sie sich aber sehr nahe fühlte und die sie so sahen und sehen wollten, wie sie wirklich war. Sie lernte immer mehr, sich dort zu öffnen, wo es sinnvoll war, sich denen, die ihr nahe standen zu zeigen, und zu ihren Gefühlen zu stehen. In anderen Situationen dagegen konnte sie sich schützen und abgrenzen, Rollen spielen oder sich anpassen. Sie lernte, Konflikte auszutragen und zu sich selbst zu stehen.

So fand sie allmählich zu einer *inneren* Harmonie, in der alle Teile ihres Wesens ihre Berechtigung und ihre Schönheit hatten, nicht nur die leichten und sonnigen. Und diese Harmonie war viel befriedigen-

der als die scheinbare Harmonie, die sie früher durch Vermeidung von Konflikten und Verstecken ihres wahren Wesens zu erreichen versucht hatte. Auch Eupatoria fand wieder Kontakt zu den Menschen und nach und nach auch Freunde.

Die beiden Frauen blieben Zeit ihres Lebens gute Freundinnen, hatte doch ihre äußere Begegnung bei beiden zu einer inneren Begegnung mit dem verborgenen Teil ihres Wesens geführt. Und jedes Jahr im Sommer, wenn der Odermennig auf den Wiesen blüht, feierten sie den Jahrestag ihrer Begegnung auf jener Lichtung im Wald, wo sie einander und sich selbst gefunden hatten.

ASPEN

Tremola, das Espenmädchen

Inmitten großer Waldgebiete lag am Rande eines Sumpfes ein Espenwald, der von Menschen nur äußerst selten betreten wurde. Er wurde nicht nur wegen des ständigen unheimlichen Rauschens der Zitterpappeln gemieden, sondern vor allem wegen seiner eigenartigen Bewohner. Es waren Naturwesen von zierlicher, luftiger Gestalt, fast durchsichtig und doch sichtbar, die den Menschen durch ihre Andersartigkeit Furcht einflößten, nicht wegen bedrohlicher oder feindseliger Eigenschaften.

Ein junges Mädchen, das oft in der Nähe Beeren sammelte, fühlte sich trotz ihrer Furcht so stark zu diesem Wald hingezogen, daß sie es eines Tages wagte, ihn zu betreten. In das zitternde Rauschen mischten sich Töne wie von singenden Stimmen, die sie lockten, bis sie schließlich in der Mitte des Waldes vor einem der Espenwesen stand, das werbend um sie herumtanzte und sie dabei zärtlich berührte. Bald tanzte sie mit ihm und sie verliebten sich ineinander. Das Mädchen war wie verzaubert im Tanz der Liebe, und die gemeinsamen Stunden im Espenwald kamen ihr unendlich kostbar vor in ihrem Glück.

Aus dieser innigen Berührung zweier so verschiedener Wesen entstand ein neues Geschöpf, ein zierliches, scheues kleines Mädchen, das von seiner Mutter Tremola genannt wurde, weil es oft vor Angst zitterte wie Espenlaub. Meist konnte sie jedoch selbst nicht sagen, worauf sich ihre Angst bezog. Auf geringste Schwingungen und Impulse reagierte sie wie die Espen auf den leichtesten Windhauch. Oft hatte sie Ahnungen und Visionen, die sie in Angst und Schrecken versetzten, oft fürchtete sie sich vor Wesen und Gestalten, die außer ihr niemand wahrnehmen konnte. Tremola konnte gar nicht richtig unterscheiden, was sich in der Außen- und was in der Innenwelt abspielte, denn die Grenze zwischen beiden Welten schien zu fehlen. Obwohl sie gleichermaßen Zugang zu diesen zwei Bereichen hatte, fand sie sich weder hier noch dort zurecht.

In ihrer Verwirrung geriet Tremola eines Tages in die Nähe des Espenwaldes und wurde unwiderstehlich von ihm angezogen. Zitternd stand sie inmitten der rauschenden Pappeln, als ihr Vater sie sah und als seine Tochter erkannte. Er beschloß, sich ihrer anzunehmen, denn er bemerkte schnell, in welchem Zustand sie sich befand. Behutsam und beruhigend näherte er sich Tremola, die sich ihm schnell öffnete. Er sprach lange mit ihr über die Espenwesen, die ihr so ähnlich waren, und erzählte ihr, daß manche von ihnen in jüngeren Jahren die gleichen Schwierigkei-

ten hätten wie sie selbst, bis sie mit Hilfe der Älteren lernten, ihre hohe Sensitivität bewußt einzusetzen, ohne unter ihr zu leiden. Außerdem bestünde ein großer Teil der Ausbildung der Espenwesen darin, ihre innere Welt kennenzulernen und so die Angst davor zu verlieren. Sie als Menschenkind müsse darüber hinaus ihren Verstand schulen, um mit seiner Hilfe Innen und Außen zu unterscheiden.

Von nun an ging Tremola jeden Tag in den Espenwald, um von ihren neuen Lehrern zu lernen. Nach und nach wurden ihr die aus ihrem Inneren aufsteigenden Bilder bewußt, und sie lernte, ihnen ohne Angst zu begegnen. Ihre feine Wahrnehmungsfähigkeit wurde zu einem nützlichen Instrument, das sie immer bewußter handhabte. Nachdem sie auch Innenwelt und Außenwelt voneinander unterscheiden konnte, erkannte sie einen engen Zusammenhang zwischen beiden und war somit in der Lage, bei sich und anderen vieles zu sehen, was denjenigen verborgen blieb, die, wie die meisten Menschen, nur die Außenwelt kannten.

Zwei Jahre, nachdem sie in den Espenwald gekommen war, entließen sie ihre dortigen Lehrer und schickten sie zu den Menschen zurück. Jetzt war das, worunter sie früher so sehr gelitten hatte, zu einem Reichtum geworden, und ihre Sensitivität und Feinfühligkeit waren nun eine unschätzbare Hilfe für sie selbst und andere.

BEECH

Meister Fagus und das Orchester

Meister Fagus, ein begnadeter Pianist, hatte schon in jungen Jahren gewußt, daß für ihn nur dieser Beruf in Frage kam. Man konnte nicht einmal sagen, daß er die Musik liebte, denn alles, was nicht Klaviermusik war, verdiente seiner Meinung nach nicht, Musik genannt zu werden. Auch war es ihm völlig unverständlich, daß es Menschen geben konnte, die ein anderes Musikinstrument erlernen oder sogar lieben konnten.

Da er sein Instrument perfekt beherrschen wollte, übte er sehr fleißig und ausdauernd, bis er auch die letzten Fehler ausgemerzt und die virtuosesten Spitzfindigkeiten gelernt hatte. Auf dem Konservatorium war er ein Einzelgänger und hatte auch zu den Studenten des eigenen Fachs wenig Kontakt, da er sehr kritisch war und an jedem etwas auszusetzen fand, sowohl fachlich wie menschlich. Alle Kommilitonen, die ein anderes Instrument studierten, schieden für ihn von vornherein als Freunde aus, denn mit so jemand wollte er nichts zu tun haben. Oft machte er sich auch bei ihnen unbeliebt, indem er in entrüstetem Ton sagte: *„Wie kann man nur ein Streichinstrument spielen!"*

Die anderen Pianisten hielten sich bald von ihm fern, da er sie oft sehr herablassend und arrogant kritisierte und zu überzeugen versuchte, daß sein Stil und seine Art zu spielen das einzig Wahre sei und alles andere erbärmliches, drittklassiges Geklimpere.

Schon während seiner Konservatoriumszeit begann er, Klavierunterricht zu geben, aber die meisten Schüler blieben nicht lange bei ihm, da sie bald die Lust am Klavierspiel verloren, denn er ließ an keinem ein gutes Haar. Er ritt immer auf dem herum, was nicht perfekt war, und schien gar nicht wahrzunehmen, wenn etwas gut gelungen war. So lobte er seine Schüler niemals und nörgelte dauernd an der Sitzhaltung, der Handhaltung oder dem Anschlag, dem Pedaleinsatz oder etwas anderem herum, was noch verbessert werden konnte. Er war niemals mit einem Schüler zufrieden, denn keiner war perfekt, sonst wäre er ja kein Schüler, sondern ein Meister gewesen.

Einige Jahre später, nachdem er sich schon einen Namen als Solopianist gemacht hatte, suchte ihn der Leiter und Dirigent des berühmtesten Orchesters der Stadt auf. Er bot ihm an, als Konzertpianist Mitglied seines Orchesters zu werden. Meister Fagus lehnte sofort ab und sagte entrüstet: *"Für mich kommt es prinzipiell nicht in Frage, meine Musik durch andere verschandeln zu lassen. Ich bin mein eigenes Orchester und mein eigener Dirigent!"*

Der Orchesterleiter sagte beiläufig beim Hinausgehen: *"Sie halten sich nicht zufällig für den Mittelpunkt der Welt, nein? Oder vielleicht für Gott?"* Mit rotem Kopf vor Ärger über so eine Unverschämtheit blieb Meister Fagus zurück.

Bald darauf wurde der Meister krank, zuerst waren es unangenehme Hautveränderungen, die ihn quälten, dann Atembeschwerden, und schließlich begannen seine Finger in den Gelenken zu schmerzen und verloren ihre Beweglichkeit, so daß er nicht mehr Klavier spielen konnte. Alle Ärzte, die er aufsuchte, stellten dieselbe Diagnose: Seine Beschwerden seien allergischen Ursprungs. Alle Behandlungsversuche und Diätvorschriften schlugen fehl. Meister Fagus war verzweifelt, denn die Krankheit nahm ihm das einzige, das seiner Meinung nach wirklichen Wert hatte, sein Klavierspiel.

Auf einem seiner ausgedehnten Spaziergänge, die er machte, um einen Ausweg aus seiner verzweifelten Lage zu finden, kam er in einen großen Buchenwald mit altem Baumbestand. Es war, als ob der Wald ihn aus seinen dunklen Gedanken riß und auf sich aufmerksam machte. Meister Fagus blieb stehen und schaute sich um. Die mächtigen, hohen Baumstämme mit ihrer glatten, makellosen Rinde wirkten wie riesige Säulen, die das Dach der mächtigen Kronen trugen, deren Dichte so perfekt war, daß auch nicht ein einziger Sonnenstrahl den Waldboden erreichte. Der Wald wirkte wie der Innenraum einer stolzen, riesigen Kathedrale, deren Boden von einem dichten Teppich raschelnder, toter Blätter gebildet wurde.

Meister Fagus war berührt und ergriffen von dieser Schönheit, und er fühlte eine nie gekannte Verwandtschaft und Ähnlichkeit mit diesem Wald. Es fiel ihm auf, daß es hier keine andere Pflanze gab außer den Buchen, denn die Buche duldet als Königin der Bäume nichts anderes neben sich. Der dichte Blatteppich läßt alle anderen Samen ersticken, und würde dennoch einer hindurchstoßen, so hätte er kein Licht, um zu wachsen. Nicht einmal die Jungbuchen, der Nachwuchs der eigenen Art, haben Licht und Raum, um sich zu entfalten. Sie vegetieren oft jahrzehntelang dahin, bis einer der uralten Bäume fällt und eine Lücke freimacht für einen jungen Nachfolger.

Meister Fagus erkannte sich beschämt in den Buchen wieder, duldete doch auch er kein andersartiges Wesen neben sich und machte sich selbst zur Norm. Und war er nicht mit seinen Schülern ebenso hart und unerbittlich umgegangen, wie die Buchen mit ihrem Nachwuchs, welchem sie keinen Sonnenstrahl gönnen?

Als der Meister den Wald gebeugten Hauptes verließ, wußte er, daß diese Selbsterkenntnis ihn selbst und sein Leben verändern würde. Und er war bereit dazu.

Sein Weg führte ihn in einen Mischwald, in dem vielerlei Bäume und Sträucher völlig unterschiedlicher Art miteinander wuchsen. Wieder blieb Meister Fagus stehen und ließ diese völlig andere Atmosphäre auf sich wirken. Er spürte den Reichtum dieser Vielfalt, die so lebendig und bunt war im Vergleich zum reinen Buchenwald. Auch hier gab es Buchen, und ihr Wuchs war so schön und so perfekt wie der ihrer Brüder im Buchenwald, doch um sie herum standen Lärchen und Eichen, Fichten und Ahorn, Eberesche und Holunder, und der Waldboden war lebendig bewachsen mit Gräsern, Büschen, Beerensträuchern und Blumen. All diese verschiedenartigen Pflanzen tolerierten und respektierten einander nicht nur, sondern sie ergänzten sich, und jede hatte ihren Platz, ihre Besonderheit und ihre Schönheit, ja jede schien mehr zu sein, als wenn sie allein stünde, denn sie war Teil eines Ganzen, war ein wichtiger Bestandteil des Waldes, zu dessen Vielfalt und Schönheit sie mit ihrer Eigenart beitrug.

Der Meister war tief in seinem Herzen berührt, als er erkannte, daß alles, was er in diesem Wald gesehen hatte, auch auf ein Orchester zutrifft, in dem jedes Instrument seinen Platz und seine Bedeutung, seinen eigenen Klang und seine Schönheit hat und in dem keines besser oder schlechter ist, nur weil es anders ist. Und die Musiker spielen miteinander, nicht gegeneinander, hören aufeinander und auf den Dirigenten.

Nachdem ihm zuerst der Buchenwald gezeigt hatte, wie er bis jetzt gewesen war, hatte ihm nun der Mischwald sein Ziel vor Augen geführt. So, wie die Buche im Mischwald, so wollte er werden.

Schon auf dem Nachhauseweg spürte er, wie seine Finger beweglicher wurden und die Schmerzen nachließen. Einige Wochen später konnte er bereits wieder Klavier spielen und suchte bescheiden und voller Reue den Orchesterleiter auf, um seine Aufnahme ins Orchester zu erbitten.

Bald lernte er seinen Platz im Orchester lieben und erfuhr, daß sein Spiel durch die Ergänzung der anderen Instrumente an Schönheit gewann und zur Harmonie des Ganzen beitrug. Sein technisch perfektes Spiel, für das er früher berühmt gewesen war, wurde nun noch bereichert durch gefühlvollen Ausdruck.

Alles, was er im symphonischen Zusammenspiel des Orchesters lernte, konnte Meister Fagus nach und nach im Leben anwenden und schließlich auch auf das innere Orchester seiner Seele, bestehend aus all den verschiedenen Aspekten und Eigenschaften seines Wesens, die in ihrer Unterschiedlichkeit doch gleichwertig sind. Er sah immer deutlicher, daß jede menschliche Gemeinschaft und schließlich die ganze Menschheit so etwas war wie ein Orchester, dessen Dirigenten wir Gott nennen. Und es erfüllte ihn mit Dankbarkeit und bescheidenem Stolz, daß er in diesem großen Orchester mitwirken und seinen Klang zur großen Symphonie beitragen durfte.

CENTAURY

Die Befreiung vom Joch der Erwartungen

Als Centaury geboren wurde, blühte überall um die armselige Hütte ihrer Eltern herum das Tausendgüldenkraut. Es hätten viel weniger als tausend Gulden gereicht, um der armen Taglöhnerfamilie ihren Lebensunterhalt zu sichern, in der Centaury als siebtes Kind zur Welt kam. Nicht aus Herzlosigkeit war sie unerwünscht, sondern weil die spärlichen Einkünfte des Vaters, der sich tageweise auf dem nahegelegenen Gut verdingte, kein weiteres Kind mehr ernähren konnten. Eine barmherzige Nachbarin nahm sie in ihre Familie auf, da ihr die Not von Centaury's Eltern ans Herz ging. Schon bald darauf jedoch erlag sie einer Krankheit, und Centaury hatte ein schweres Leben bei ihrem Stiefvater, der ein herrschsüchtiger Familientyrann war. So hatte Centaury vom Anfang ihres Lebens an das Gefühl, daß es für sie keinen Platz gebe auf der Welt, und sie bemühte sich redlich, sich ihre Daseinsberechtigung durch Fügsamkeit und Anpassung zu verdienen.

Sie versuchte, allen Wünschen und Erwartungen des Stiefvaters zu entsprechen, doch die Anerkennung, nach der sie sich so sehr sehnte, blieb meist aus, denn für ihn schien es selbstverständlich zu sein, daß sie ihm fast wie eine Sklavin diente. Bereitwillig übernahm sie alle Aufgaben, die ihren Geschwistern lästig waren, und doch wurden seine leiblichen Kinder vom Vater immer bevorzugt. Centaury führte mehr das Leben einer Magd als das einer Tochter. Trotzdem blieb sie als einzige beim Stiefvater zurück, nachdem seine eigenen Kinder sich bereits aus seiner Unterdrückung befreit hatten, und pflegte den alten Mann, dem sie nie etwas recht machen konnte, ergeben bis zu seinem Tode. Nachdem die Geschwister das Haus verkauft und das Erbe unter sich aufgeteilt hatten, fand sie auf dem nahegelegenen Gut von Padrone Vine Arbeit als Magd.

Der Padrone, dessen Geschichte ein andermal erzählt wird, hatte bereits bei ihrer Vorstellung ein Auge auf Centaury geworfen und sie vor allem deshalb eingestellt. Durch sein Wohlwollen fühlte sie sich geehrt, war sie doch keineswegs von Schmeicheleien verwöhnt. Obwohl Vine erheblich älter war als sie, imponierte er ihr wegen seiner stattlichen Erscheinung und seines selbstbewußten Auftretens. Sie hatte eigentlich vorgehabt, sich nach dem Tod des Stiefvaters erst einmal um ihr eigenes Leben zu kümmern, konnte aber nicht nein sagen, als der Padrone von ihr verlangte, möglichst bald zu heiraten.

Da Vine als Gutsherr und Großgrundbesitzer ge-

wohnt war, alles im Griff zu haben, nahm er die Hochzeitsvorbereitungen tatkräftig in die Hand, und alles verlief nach seinen Vorstellungen. Centaury bewunderte seine Kraft und seinen starken Willen und fühlte sich von ihm beschützt. Sie glaubte, nun endlich ihren Platz in der Welt gefunden zu haben, und das war mehr, als sie nach dem bisherigen Verlauf ihres Lebens noch zu hoffen gewagt hatte. Eifrig bemühte sie sich, ihm alles recht zu machen, was immer dann gelang, wenn sie sich genau nach seinen Anweisungen verhielt. Bald kannte sie alle seine Vorlieben und Wünsche und verwöhnte ihn, wann immer es möglich war.

Schon einige Monate nach der Hochzeit, nachdem die erste Verliebtheit verflogen war, erinnerte Centaury vieles, was sie mit Vine erlebte, an ihren Vater. Für ihn war es inzwischen selbstverständlich, daß sie sich ihm bedingungslos unterordnete und die liebevolle Anerkennung, die er ihr anfangs noch gegeben hatte, blieb aus. Was auf dem Gut seine Angestellten waren, war seine Ehefrau zu Hause.

Da Centaury gewohnt war, einiges zu ertragen, begann sie erst wirklich zu leiden, als sie Kinder hatten, die der Vater tyrannisch unterdrückte. Er warf ihr vor, sie zu verwöhnen und zu verweichlichen, und die Kinder waren voller Angst vor ihm. Centaury litt fürchterliche Qualen, da es in dieser Situation unmöglich war, es allen recht zu machen, und so entschloß sie sich schließlich, sich um der Kinder willen von ihrem Mann zu trennen. Vine war außer sich vor Zorn, aber er konnte sie diesmal nicht davon abbringen, gegen seinen Willen zu handeln. Ihre Absicht, für ihre Kinder zu kämpfen, gab ihr eine nie gekannte Kraft, und sie zog mit ihnen in eine fremde Stadt.

Staunend stellte sie fest, daß sie sehr gut mit der neuen Situation zurechtkam, in der sie zum erstenmal ganz auf sich gestellt war. Da sie bisher immer in Abhängigkeit gelebt hatte, war sie sich ihrer eigenen Kraft nicht bewußt gewesen. Einige Monate später, nachdem die ersten mit dieser großen Umstellung verbundenen Schwierigkeiten überwunden waren, fing sie an, ihr eigenes Wesen zu entdecken, ihre Bedürfnisse und Wünsche, Sehnsüchte und Ängste. Mehr und mehr lernte sie auch, zu sich selbst zu stehen, sich gegen äußere Erwartungen abzugrenzen und ihr eigenes Leben zu verwirklichen. Im Kontakt mit Freunden und Bekannten machte sie die Erfahrung, daß sie um ihrer selbst willen geliebt und anerkannt wurde, nicht nur für die Erfüllung von Erwartungen. So war die Trennung von Vine ein wichtiger Wendepunkt in ihrem Leben.

Durch den Wunsch der Kinder, ihren Vater wiederzusehen, begegneten sich Centaury und Vine drei

Jahre später als zwei veränderte Menschen wieder. Auch für Vine war die Trennung von seiner Familie ein einschneidendes Ereignis gewesen, das eine tiefgreifende Wandlung bei ihm eingeleitet hatte. Er hatte auf seinem Gut, wo er früher die Bediensteten fast wie Sklaven unterdrückt und ausgenutzt hatte, vieles zugunsten seiner Untergebenen verändert und dadurch ihre Lebensbedingungen erheblich verbessert. Statt seine Macht zu mißbrauchen, benutzte er sie jetzt zum Wohle aller.

Beide waren erstaunt über die Veränderungen, die sie beieinander feststellten, und erkannten, daß jeder von ihnen während der Zeit ihrer Trennung etwas dazugewonnen hatte, was vorher nur der Partner konnte. So hatten sie jeweils die Stärke des anderen bei sich selbst gefunden, Centaury ihre Willenskraft und Vine das Dienen. Tief in ihrem Herzen spürten sie, daß sie zusammengehörten, und zwar nicht mehr, weil sie einander brauchten, wie früher, sondern weil sie einander liebten.

CERATO

Von Einem, der außen suchte, was er nur innen finden konnte

Der jüngste Sohn eines Bauern hatte sich schon seit seiner frühen Kindheit zur Landwirtschaft berufen gefühlt. Da er aber als Drittgeborener den Hof nicht übernehmen konnte, fragte er alle, die er kannte, um Rat. Die meisten rieten ihm, ein Handwerk zu erlernen, und so begann er eine Schreinerlehre, obwohl er doch immer hatte Bauer werden wollen.

Nach seiner Lehrzeit mußte er sein Heimatdorf verlassen, um auf Wanderschaft zu gehen. Vorher sollte er wählen, in welcher Form er sein Erbteil haben wollte. Am liebsten wäre ihm ein Stück Wald gewesen, um Holz für seine spätere Schreinerei zu haben. Er holte jedoch den Rat all seiner Bekannten und Verwandten ein, und da ihm die meisten empfahlen, sich sein Erbteil ausbezahlen zu lassen, machte er sich mit einem ansehnlichen Batzen Geld in seinem Bündel auf den Weg.

Unterwegs fühlte er sich sehr unwohl mit dem vielen Geld und wollte sich gerne ein kleines Häuschen mit Garten kaufen, in dem er dann nach seinen Wanderjahren eine Werkstatt hätte einrichten können. Da er aber auch diesmal kein Vertrauen in seine eigene Urteilsfähigkeit hatte, fragte er jeden, dem er begegnete, um Rat. Schon in der nächsten Nacht, die er in einer einfachen Herberge verbrachte, wurde ihm sein Geld von einem Weggesellen gestohlen, der ihm geraten hatte, abzuwarten, bis sich die Lösung von selbst ergäbe. Als unser Freund am nächsten Morgen den Verlust bemerkte, hätte er sich am liebsten jedes seiner Haare einzeln ausgerissen, so sehr ärgerte er sich über seine eigene Dummheit: *„Ich könnte ein schönes Häuschen mit Garten haben, wenn ich gleich getan hätte, was ich wollte, und so habe ich mein ganzes Erbe verloren, oh was bin ich doch für ein Dummkopf…"*. Alles Klagen und Schimpfen half jedoch nichts, er mußte seinen Weg mit den paar Talern fortsetzen, die noch in seiner Hosentasche waren.

Am nächsten Tag erreichte er eine Stadt. Die Leute dort waren ganz anders gekleidet, als er es vom Land gewohnt war, und da er ein sehr starkes Bedürfnis hatte, mit den anderen übereinzustimmen, kaufte er sich von seinem letzten Geld neue Kleider. Glücklicherweise fand er am nächsten Tag eine Arbeitsstelle bei einem Schreiner, der mehrere Gesellen beschäftigte. Wie es damals üblich war, wohnte er auch im Hause des Meisters und wurde dort verköstigt.

Anfangs fiel sein vieles Fragen nicht besonders auf, gab es doch in so einer großen Werkstatt vieles, mit

dem er erst vertraut werden mußte. Doch da er auch nach Dingen fragte, die er sehr wohl wußte, aber dieses Wissen noch bestätigt haben wollte, ging er seinen Kollegen und auch dem Meister bald auf die Nerven mit seiner ewigen Fragerei. Auch in privaten Angelegenheiten und Entscheidungen wollte er die Meinung der anderen erfahren. Eine Weile machten sich alle über ihn und seine dumme Fragerei lustig, später mieden sie das Gespräch mit ihm, und schließlich verlor er die Stelle.

Nun war er sehr niedergeschlagen und unzufrieden mit sich selbst, denn er hatte durch eigene Schuld alles verloren. Er sank am Waldrand, unweit des Dorfes ins Gras, starrte vor sich hin und dachte über alles nach, was er erlebt hatte. *„Ich Dummkopf habe immer etwas anderes getan als das, was ich selbst für richtig hielt, und habe dadurch viele Fehler gemacht. Hätte ich auf meine eigene Meinung vertraut, wäre alles ganz anders gekommen. Auf jeden dahergelaufenen Wanderburschen habe ich mehr gehört als auf mich selbst. Das muß anders werden".* Und er pflückte eine blaue Blüte des Hornkrautes ab, das überall um ihn herum wuchs: *„Ja, genau so blauäugig wie dieses Blümchen war ich",* und steckte die Blüte in sein Knopfloch, während er aufstand und weiterging.

Sein Schritt fühlte sich stark und entschlossen an, denn er hatte sich entschieden, Bauer zu werden, wie er es schon immer gewollt hatte. Nach einigen Tageswanderungen und mehreren Fehlschlägen fand er einen Bauernhof, auf dem ein tüchtiger Knecht gebraucht wurde. Er arbeitete fleißig und sprach nicht viel, aber die Arbeit machte ihm große Freude.

Als ihm drei Jahre später die Tochter des Bauern ihre Liebe gestand und die Frage nach einer Heirat in der Luft lag, war er noch einmal versucht, den Rat anderer einzuholen, obwohl sein Herz ein klares und eindeutiges Ja sprach. Es fiel ihm jedoch nicht schwer, dieser Versuchung zu widerstehen. Er heiratete die Frau, wurde Bauer auf dem Hof und führte fortan ein glückliches und zufriedenes Leben.

Den Rat anderer holte er jedoch nur noch ein, wenn es um Fragen ging, die er selbst nicht beurteilen konnte. Im übrigen wußte er, daß er auf seine Urteilsfähigkeit und die Stimme seines Herzens vertrauen konnte. Und nie wieder suchte er außen, was er nur innen finden konnte.

CHERRY PLUM

Der Wolf im Schafspelz

In einem tiefen, dunklen Wald lebte einst ein Wolfsrudel, das von einem starken und grimmigen Wolf angeführt wurde. Er leitete die Beutezüge, auf denen sie wildlebende Tiere des Waldes, aber auch Haustiere aus den weiter entfernt gelegenen Dörfern anfielen und zerrissen, um sie meist gleich an Ort und Stelle gierig aufzufressen. Die Wolfsjungen wurden unterdessen an einem geschützten Ort unter der Obhut einiger älterer Wölfinnen zurückgelassen.

So geschah es eines Tages, daß eines der Wolfskinder sich im Spiel von den anderen entfernte und im undurchdringlichen Gestrüpp des tiefen Waldes hoffnungslos verlief. Der kleine Wolf irrte tagelang im Wald umher, aber er konnte nicht wieder nach Hause zurückfinden. Nach langem verzweifeltem Suchen traf er ausgehungert und erschöpft auf eine Herde wilder Schafe, die am Rande des großen Waldes auf einer Ebene grasten. Aufgrund seines erbärmlichen Zustandes, in dem er für die Schafe keinerlei Gefahr bedeutete, hatten sie Mitleid mit ihm und nahmen ihn bei sich auf. Nach der langen verzweifelten Einsamkeit war der kleine Wolf glücklich über die neue Geborgenheit und gab sich auch mit der

Nahrung der Schafe zufrieden, wenngleich sie ihm anfangs sehr fremd war. So wuchs er mit den jungen Schafen auf und lernte, sich wie ein richtiges Schaf zu verhalten.

Je größer er wurde, und je mehr er sich dadurch äußerlich von den Schafen unterschied, desto unangenehmer wurde ihm sein Wolfskleid, und so kam er auf die Idee, in einen Schafspelz zu schlüpfen. Jetzt war er auch äußerlich ein richtiges Schaf, und darüber war er sehr glücklich. Um seine wölfische Herkunft gänzlich zu verbergen, bemühte er sich, besonders sanftmütig und friedfertig zu sein, und wenn es in der Herde Streitereien oder Konflikte gab, zog er entweder seinen Schwanz ein und lief weg, oder er versuchte, den Streit zu schlichten, was ihm auch oft gelang. Mehr und mehr vergaß er selbst seine wahre Identität, und alles, was ihn daran erinnerte, war ihm zutiefst unangenehm. So zeigte er auch nie seine Zähne und riß das Gras, das er als begeisterter Vegetarier über alles liebte, nur mit den Lippen ab. Einige Jahre, nachdem er zu den Schafen gekommen war, war seine Verwandlung perfekt, und er hatte alles, was in ihm noch Wolf war, so sicher unter Kontrolle, daß er es selbst nicht mehr wahrnahm.

Mit der Zeit aber begann er sich unwohl zu fühlen, ohne jedoch zu wissen, weshalb, denn er hatte alles, was er sich wünschte. Er fühlte sich krank, seine

Zähne wurden locker und drohten auszufallen, die Haare seines Fells gingen ihm büschelweise aus und das Gras wollte ihm nicht mehr schmecken, obwohl es von bester Qualität war. Er wurde unruhig, schreckhaft, wirkte gehetzt und schien unter einem inneren Druck zu stehen. Nachts begann er unter Alpträumen zu leiden, die ihn zutiefst erschütterten und quälten, da er in diesen Träumen immer schreckliche Dinge tat, Schafe zu Tode hetzte und gierig zerriß, und manchmal, wenn er aus solchen Träumen schweißgebadet erwachte, konnte er den Geschmack von Blut nicht mehr loswerden. Je häufiger und quälender seine Alpträume wurden, desto mehr versuchte er tagsüber seinem inneren Idealbild vom guten, friedlichen und frommen Schaf gerecht zu werden, doch es half nichts. Im Gegenteil, der innere Druck schien stärker zu werden, und oft fürchtete er, verrückt zu werden oder die Kontrolle über sich zu verlieren und etwas Schlimmes zu tun, so wie er es in seinen Träumen erlebte. Der versteckte Wolf in ihm schien immer mehr Macht zu bekommen, und er fühlte sich, als ob er in Gestalt einer kleinen Steinplatte auf der Öffnung eines ungeheuren Vulkans läge und versuchte, den Ausbruch desselben zu verhindern. Jeden Augenblick jedoch mußte er damit rechnen, daß dieser sich mit einer gewaltigen Explosion entladen würde.

Eines Nachts, als er wieder einmal von einem seiner fürchterlichen Träume erwachte, in dem er die ganze Schafherde in einem wilden Blutbad getötet hatte, wurde ihm klar, daß es so nicht mehr weitergehen konnte. Er legte sein Schaffell ab und spürte schon dadurch Erleichterung, daß wieder Luft an seinen räudigen Wolfspelz kam. Lautlos verließ er die Herde, und seine Freunde fanden am nächsten Morgen nur noch das zurückgelassene Schaffell am Boden liegen.

Der Wolf irrte nun wieder ziemlich ratlos umher, fühlte sich aber in seiner wahren Haut schon wohler. Nach einigen Tagen, als er gerade von einem Schläfchen erwachte, fand er sich von einem Rudel Schakale umringt, die ihn für einen altersschwachen Hund gehalten hatten. Sie kamen immer näher und griffen ihn schließlich an, und in diesem Augenblick spürte er eine ungeheure Kraft, ähnlich der, die er aus den Alpträumen kannte. Er kämpfte wie ein richtiger Wolf und konnte sich von den Feinden befreien. Einige von ihnen lagen nach dem Kampf tot herum, die anderen waren geflohen. Unser Wolf stand staunend da und fühlte sich so wohl wie noch nie. Zum ersten Mal in seinem Leben war er gerne Wolf.

Nach einigen Tagen konzentrierter Suche fand er ein Rudel Wölfe, dem er sich anschloß. Von nun an führte er das Leben eines Wolfes und war sehr zufrieden.

Seine Zähne waren bald wieder fest und scharf, sein Fell dicht und glänzend, und es dauerte nicht lange, bis er zu den Stärksten des Rudels gehörte.

Manchmal, wenn er im Gras lag und ein Verdauungsschläfchen hielt, erinnerte ihn der Geruch des Grases daran, daß er so etwas früher gefressen hatte, und es kam ihm so unglaublich vor, wie damals seine Alpträume.

CHESTNUT BUD

Der kleine Grashüpfer

Auf einer bunten Frühlingswiese, die für ihn eine ganze Welt voller Möglichkeiten war, machte ein kleiner Grashüpfer seine ersten unbeholfenen Sprünge. Von Neugierde getrieben hüpfte er gleich wieder los, wann immer er irgendwo gelandet war, ohne zu betrachten, worauf er gerade saß. So bemerkte er gar nicht, daß seine Sprünge ihn selten dorthin trugen, wohin er hatte hüpfen wollen, und es machte ihm deshalb auch nichts aus. Er wollte weiter, wollte was erleben, wollte sich nicht mit Kleinigkeiten aufhalten, und so wurde sein Weg mehr durch den Wind, durch die Elastizität der Gräser und Blumen und andere äußere Einflüsse bestimmt, als durch ihn selbst. In den ersten Lebenstagen war das bei allen Grashüpfern so, doch normalerweise lernten die Kleinen recht schnell aus ihren Erfahrungen und Fehlsprüngen und konnten bald durch geschickte kleine Bewegungen des ganzen Körpers und vor allem der Flügel ihre Flugbahn sehr genau steuern.

Unser kleiner Grashüpfer jedoch lernte nichts, er hüpfte nach Wochen noch genauso über die Wiese wie am ersten Tag. Manchmal mußte er eine kleine Verschnaufpause machen, und dabei merkte er dann, daß er sich wohl im Kreis bewegt haben mußte, da er auch seine letzte Pause hier gemacht hatte. Dabei war er doch inzwischen so weit gehüpft, aber, was soll's, und weiter ging's. Er staunte nicht wenig, als er sich nach einer beträchtlichen Strecke wieder an diesem Platz befand, und wurde ärgerlich über diesen verflixten Stein, der ihn immer wieder anzog. Um den Ärger schnell zu vergessen, hüpfte er weiter, landete aber einige Stunden später wieder auf dem verflixten Stein: *„Ich versteh' das nicht"*, schimpfte er, *„ich hüpfe doch immer weiter, immer nach vorn, und doch komme ich nicht vorwärts"*.

Aber um sich die Enttäuschung über dieses Mißgeschick zu ersparen, hüpfte er schnell weiter, und so ging es noch oft, immer wieder im Kreis. Als er wieder einmal schimpfend auf jenem Stein saß, erfaßte ihn plötzlich ein kräftiger Windstoß und wirbelte ihn auf einen Kastanienbaum, der kurz vor der Blüte stand. Erschrocken klammerte sich unser Grashüpfer an eine der glänzenden, klebrigen Knospen und verweilte nachdenklich, halb sich haltend, halb festgeklebt. Von dort aus erlebte er aus nächster Nähe mit, wie eine benachbarte Knospe sich langsam zu bewegen begann und eine ihrer klebrigen Hüllen nach der anderen Stück für Stück den herausdrängenden Blüten und Blättern den Weg freigaben, die sich langsam, aber unaufhaltsam zu ihrer vollen

Größe und Schönheit entfalteten.

In der Zeit, bis die vollständige Kastanienkerze leuchtend weiß und aufrecht vor ihm stand, hatte unser Grashüpfer die wichtigsten Erkenntnisse seines Lebens. Genau wie die Blüte in den Häuten der Knospe eingesperrt ist, so war auch er gefangen in dem sinnlosen Kreislauf seiner immer wiederkehrenden Erfahrungen, aus denen er nichts lernte und die ihn immer wieder an denselben Punkt brachten. Genau so klebte er selbst ja während des ganzen Schauspiels an so einer Knospenhülle fest. Nun hatte er jedoch gesehen, mit welcher Kraft die Blüte nach außen drängte, um sich Schritt für Schritt zu entfalten. Und er spürte, daß es die gleiche Kraft war, die auch ihn immer weitergetrieben hatte, nur eben stets im Kreis.

Diese Kraft wollte er jetzt benutzen, um sich zu entwickeln, um wirklich vorwärts zu kommen. Er wußte nicht, wie lange er auf dem Baum gesessen hatte, aber so unverhofft, wie er gekommen war, trug ihn ein Windstoß wieder zurück auf den Stein. Und dort begann er erst einmal die versäumten Lernschritte des Hüpfens und Fliegens nachzuholen, bis er genau bestimmen konnte, wohin er wollte. Wenn ein Sprung danebenging, blieb er sitzen und machte sich bewußt, woran es gelegen hatte. So wurde er immer gewandter, sicherer und aufmerksamer, ohne

dabei die Leichtigkeit und Lebensfreude der Grashüpfer zu verlieren.

Die Kastanie, der er soviel zu verdanken hatte, besuchte er fortan noch oft, und von dort oben wurde ihm eines Abends bei Sonnenuntergang die Richtung klar, in die er hüpfen wollte. Die Sonne senkte sich auf eine weite, bunt bewachsene Ebene herab, die wie durch eine dunkle Schlucht sichtbar wurde, zu beiden Seiten von dumpfen Steinmassen begrenzt. Durch diese Schlucht wollte er gehen, um das Dunkel des Berges hinter sich zu lassen und mit ihm sein altes Verhaltensmuster. Schon am nächsten Morgen machte er sich frohen Mutes auf den Weg und wurde mit jedem Sprung um eine Erfahrung reicher. Er machte fortan noch viele Fehler, aber jeden nur einmal.

CHICORY

Die Wegwarte

Am Rande eines vielbenutzten Weges stand ein Holzhaus, in dem Frau Chicory wohnte, eine verwitwete ältere Frau. Seit dem Tod ihres Mannes übte sie ganz alleine die Funktion der Wegwarte aus, die seit Jahrhunderten den Bewohnern dieses Hauses übertragen war, das auch Wegwärterhäuschen genannt wurde. Sie wartete den Weg, hielt ihn instand und räumte im Winter den Schnee. Dafür erwartete sie von jedem Benutzer des Weges, ob Fußgänger, Kutsche oder Fuhrwerk, die Abgabe eines Wegezolls, den sie nötigenfalls auch nachdrücklich forderte.

Sie kümmerte sich um alles, was auf dem Weg geschah, fühlte sich immer zuständig und eilte mit gewichtigen Schritten herbei, wenn irgendwo Hilfe nötig war. Oft drängte sie ihre Unterstützung auch dort auf, wo sie weder erbeten noch gebraucht wurde, verlangte aber für jede Dienstleistung einen guten Preis. Sie wollte wichtig sein für die Benutzer des Weges, wollte gebraucht und für ihre Hilfe mit Geld und Anerkennung belohnt werden. So entging ihr nichts, und sie kannte auch alle Leute, die vorbeikamen, mit Ausnahme weniger fremder Durchreisender. Sie hatte sozusagen alles im Griff und mischte sich oft auch in fremde Privatangelegenheiten, die mit ihrer Funktion als Wegwarte nichts mehr zu tun hatten.

Früher war das anders gewesen, als sie noch ihre Familie hatte. Damals war die Wegwärterei hauptsächlich Sache ihres Mannes, sie dagegen führte das Regiment in der Familie. In unermüdlichem Einsatz sorgte sie für Mann und Kinder, denen das oft zuviel des Guten war, besonders, wenn sie sich dort einmischte, wo sie weder gebraucht wurde noch erwünscht war. Oft schien es so, als wolle sie die Kinder nicht erwachsen werden lassen, um sie für immer bei sich behalten zu können, und weil sie dadurch ihre Abhängigkeit von der Mutter verlieren würden. Auch ihren Mann behandelte sie häufig, als sei er noch ein Kind, entschied für ihn und bestimmte über ihn, was er sich meistens auch gefallen ließ, da er bequem und träge war und seine Ruhe wollte.

Die Kinder jedoch strebten, je älter sie wurden, nach immer mehr Unabhängigkeit und Eigenständigkeit. Frau Chicory reagierte sehr empfindlich auf jeden Ablösungsversuch der Kinder, fühlte sich übergangen, zurückgesetzt, war nicht selten wegen Kleinigkeiten zutiefst beleidigt und badete sich in Selbstmitleid. *„Das ist nun der Dank für alles, was ich für euch getan habe"*, hörte man sie in klagendem Ton sagen.

Als dann die erwachsenen Kinder nach und nach das Haus verließen, war sie tief enttäuscht, ja fühlte sich regelrecht betrogen, wollte sie doch mit ihrer übertriebenen Fürsorge die Kinder für ewig an sich binden und zu Dankbarkeit und Gegengabe verpflichten. Nachdem auch der jüngste Sohn aus dem Haus war, hatte für die Mutter das Leben seinen Sinn verloren, und sie verfiel in einen Zustand tiefster Niedergeschlagenheit. Sie jammerte, klagte und schimpfte über die Kinder und deren egoistisches Verhalten, wurde bald darauf auch häufig krank, wodurch sie immer Besuche der Kinder erwirkte. Diese Besuche nutzte sie dann, um den Kindern die Schuld für ihre Krankheit zu geben und sich in Selbstmitleid und Vorwürfen zu ergehen. Dadurch wurden die Besuche der Kinder auch bei Krankheit immer seltener. Zu guter Letzt starb auch noch der Mann, für den die letzten Jahre nahezu unerträglich geworden waren, und sie warf ihm noch lange nach seinem Tode vor, sich feige davongeschlichen und sie allein zurückgelassen zu haben.

Anfangs versorgte Frau Chicory die Wegwärterei sehr trotzig, widerwillig und nachlässig, bis sich dieses Amt als gute Möglichkeit erwies, ihr altes, unbewußtes Spiel von vorne zu beginnen. Eines Tages, als sie auf ihrem Beobachtungsposten auf Passanten wartete, kam ein junger Wanderbursche daher, Herr

Heather, dessen Geschichte an anderer Stelle erzählt wird. Im ersten Augenblick hatte sie gedacht, ihr jüngster Sohn komme zurück, und sie eilte ihm entgegen, obwohl sie ihren Irrtum bald erkannte. Da er auf sie den Eindruck großer Bedürftigkeit machte, bot sie ihm an, ein paar Tage bei ihr auszuruhen, sie werde sich darum kümmern, daß er wieder zu Kräften komme. Sie war jedoch auch mit einem längeren Aufenthalt einverstanden, nachdem Herr Heather ihr glaubhaft versichert hatte, daß er in so kurzer Zeit auf keinen Fall wiederhergestellt sei.

Eine Zeit lang sah es so aus, als ob beide nun endlich das gefunden hätten, wonach sie schon lange gesucht hatten. Frau Chicory nahm alles in die Hand, umsorgte und umhegte den jungen Mann, der wie ein Faß ohne Boden alles gierig in sich aufsaugte. Bald jedoch merkte sie, daß absolut nichts zurückkam und weder Dankbarkeit noch Anerkennung von ihm zu erwarten waren. Mit dieser Erkenntnis verschwand schlagartig jedes Interesse, etwas für den Jungen zu tun, und sie schickte ihn schon am nächsten Tag fort.

Durch dieses Erlebnis wurde ihr klar, daß sie immer nur gegeben hatte in der Erwartung, etwas dafür zu bekommen. Von dieser Erkenntnis war sie zutiefst erschüttert, doch sie half ihr, vieles im nachhinein zu verstehen, was zwischen ihr und ihren Kindern vorgefallen war. lhr Leben begann sich nun zu verändern. Sie half nur dort, wo es nötig war, mischte sich nicht mehr in fremde Angelegenheiten und war insgesamt weniger geschäftig und wichtigtuerisch. In der Zeit, die dadurch übrigblieb, kümmerte sie sich um sich selbst, gönnte sich Ruhe und Erbauung, ging spazieren, sonnte sich, pflegte ihren Körper und begann, sich in ihrer Haut richtig wohl zu fühlen. In dem Maße, in dem sie sich selbst mehr Aufmerksamkeit schenkte, wurde sie nun auch von außen mehr geschätzt und geachtet als früher, obwohl sie doch jetzt viel weniger für andere tat. Seltsamerweise bekam sie nun auch wieder häufiger Besuch von ihren Kindern, und es entwickelten sich freundschaftliche Beziehungen ohne Abhängigkeit und Forderungen.

Ihre Enkel machten manchmal für einige Wochen Ferien bei ihr, und dann genoß sie das Leben und Treiben in Haus und Garten. Sie war sehr dankbar dafür, daß sie noch einmal die Gelegenheit bekam, wirkliche Mütterlichkeit zu leben und den Enkeln bedingungslos zu geben, was sie brauchten, ohne sie gefühlsmäßig an sich binden zu wollen. Nach den Ferien war sie dann auch immer ganz froh, wieder allein zu sein, und wußte die Ruhe und die freie Zeit, die sie für sich selbst nutzen konnte, zu schätzen.

Was die Wegwärterei betrifft, so versorgte sie dieses Amt viel gelassener. Das Wegwärterhäuschen war ja weithin für jeden sichtbar, der ihre Dienste benötigte, und wenn sie gerufen wurde, war sie hilfsbereit zur Stelle. Nie mehr jedoch drängte sie ihre Hilfe auf oder versuchte, andere durch ihre Leistungen von sich abhängig zu machen. Im Gegenteil, sie war nun froh, selbst von der Anerkennung der anderen unabhängig zu sein, und genoß ihren Lebensabend im Frieden mit sich selbst und der Welt.

CLEMATIS

Der kleine Vogel

Es war einmal ein kleiner Vogel, der in einem kleinen Käfig saß. Den Käfig aber nahm er gar nicht mehr wahr, da er schon so lange darin eingesperrt war und auch, weil er die Gitterstäbe mit esoterischen Sprüchen verziert hatte. An vielen der Stäbe waren Clematisranken emporgeklettert und überzogen den Käfig von außen mit ihren freundlichen kleinen Blüten, aus denen dann im Herbst jene lustigen, verträumten Samenstände werden, die wie kleine Trolle aussehen.

Die Lieblingsbeschäftigung des kleinen Vogels war das Träumen. Meist träumte er vom Fliegen und von wunderbaren Welten, die er auf seinen Flügen entdecke. An diese Träume glaubte er und hielt sie für die Wirklichkeit. Oft erzählte er mit abwesendem Märchenblick vorbeikommenden Tieren davon, und es war ihm die größte Freude, wenn er welche fand, die ebenfalls daran glaubten. So vergingen viele Jahre.

Dann, eines Nachts, rief er eine Eule herbei, die in der Nähe war, und weil sie glaubte, der kleine Vogel brauche Hilfe, kam sie. Wieder erzählte er von seinen Träumen und vom Fliegen, aber die Eule schüttelte nur den Kopf und sagte: *„Du kannst nicht fliegen, du* *sitzt in einem Käfig, schau doch hin!"* und sie klopfte mit ihrem Schnabel an einen der verzierten Gitterstäbe. Dann flog sie weiter.

Erst fühlte sich der kleine Vogel unverstanden und schimpfte auf die Eule, doch in der nächsten Zeit mußte er immer wieder an das wenige denken, das sie ihm gesagt hatte. Im Laufe der Zeit nahm er auch seinen Käfig wieder wahr und merkte, daß er tatsächlich eingesperrt war.

Er war verzweifelt, rief um Hilfe, aber wenige der vorbeikommenden Tiere beachteten seine Rufe, weil sie dachten, der kleine Vogel wolle ihnen nur wieder einen seiner Träume erzählen. Diejenigen aber, die seine Geschichten geglaubt hatten, trotteten ratlos und verstört davon, denn sie dachten, er sei verrückt geworden. Manche wollten ihm auch helfen und untersuchten den Käfig, aber sie fanden nichts, womit sie ihn hätten öffnen können.

Der kleine Vogel fing nun selbst an, sehr unbeholfen seinen Käfig genauer zu erforschen, und schließlich erblickte er die Tür. Wieder rief er um Hilfe, man möge ihm doch die Tür öffnen. Doch keinem der Helfer gelang es. Eines Tages entdeckte der kleine Vogel den Riegel der Tür dort, wo er ihn am wenigsten erwartet hatte. Die Tür war von innen verschlossen.

Er öffnete sie und wollte hinausfliegen, doch es ging nicht, er hatte das Fliegen verlernt. Zuerst war er sehr verzweifelt und schockiert, aber nachdem er sich wieder beruhigt hatte, begann er zu üben. Es kostete ihn große Anstrengung und viel Geduld, bis er die ersten unbeholfenen Kurzflüge machen konnte. Oft kehrte er auch wieder in den Käfig zurück, um Schutz vor Gefahren zu suchen und sich auszuruhen. Dabei tauchte er manchmal wieder tief in seine vertraute Phantasiewelt ein, fand aber immer wieder zurück auf den Boden der Realität.

Von außerhalb des Käfigs konnte er jetzt sehen, wie weit die Clematisranken in die Höhe wuchsen. Sie schienen auch hoch hinaus zu wollen und bis in den Himmel zu streben. Aber dennoch waren sie mit ihren Wurzeln tief im Erdreich verankert, so daß sie es sich erlauben konnten, sich so weit emporzurecken. Sie bauten gleichsam eine Brücke zwischen dieser und jener Welt, zwischen Erde und Himmel. Das wollte der kleine Vogel nun auch versuchen, um beide Welten miteinander verbinden zu können, wollte vor der Wirklichkeit dieser Welt nicht mehr fliehen, ohne den Kontakt nach oben und zur Phantasie zu verlieren.

Eines Tages verließ er den Käfig und flog davon. Es war weit schöner, als er es sich in den kühnsten Träumen vorgestellt hatte. Nach einiger Zeit, die er mit

Auskosten und Verfeinern seiner Flugkünste verbracht hatte, kam ihm auch der eine oder andere der esoterischen Sprüche wieder in den Sinn, mit denen sein verlassener Käfig verziert war. Und er fing an zu ahnen, daß sie ihm helfen konnten, die Richtung zu finden, in die er fliegen wollte.

Aber erst jetzt konnte er sie benutzen, jetzt, da er wirklich das Fliegen beherrschte. Vorher hatte er sie wie seine Phantasiewelt mißbraucht, um vor der konkreten Realität seines Lebens zu fliehen.

Und so suchte er seinen Weg und wurde ein bekannter Geschichtenerzähler, der überall, wo er hinflog, gern gesehen war und die anderen Tiere mit seiner reichen Phantasie erfreute.

CRAB APPLE

Die Aussätzige

Frau Saubermann lebte zusammen mit ihrem Mann und zwei Kindern in einem kleinen Häuschen am Rande einer Kleinstadt. Sie war Hausfrau, und während ihr Mann im Büro war, hielt sie Haus und Garten mit peinlicher Genauigkeit in Ordnung. Da sie Unreinheit in jeder Form verabscheute, war sie meistens mit Putzen oder Waschen beschäftigt, und sie konnte nicht ruhen, solange nicht alles spiegelte und glänzte und die Wäsche gebügelt im Schrank lag. Es war wie ein innerer Zwang, der sie solange zur Arbeit antrieb, bis alles makellos sauber war. Da dieser von ihr angestrebte Idealzustand praktisch unerreichbar war oder zumindest nur sehr kurz bestehen blieb, war sie meist mit sich selbst unzufrieden. Es schien, als sehe sie kleine Mängel riesenhaft vergrößert, verglichen mit all dem, was sauber und in Ordnung war. Und so erschienen ihr manche Kleinigkeiten und Belanglosigkeiten sehr wichtig, und sie verbrachte viel Zeit damit, übersah aber dabei oft Wichtigeres. Wenn z. B. eines der Kinder weinend hereingelaufen kam, weil es sich wehgetan hatte, war sie so sehr mit dem Schmutz beschäftigt, den das Kind in die saubere Stube trug, daß sie völlig vergaß, sich um das Kind und dessen Versorgung zu kümmern.

Ihr größtes Problem war ihr Hautausschlag, unter dem sie schon viele Jahre litt. Er verursachte ihr ein Gefühl von Ekel und Abscheu sich selbst gegenüber, und sie konnte all das Schöne und Attraktive an ihrem Körper nicht wahrnehmen, da ihr Blick wie gebannt auf den Ausschlag gerichtet war, der sich in zahlreichen Flecken über Gesicht und Körper ausgebreitet hatte. Sie fühlte sich schmutzig und unrein, obwohl sie größten Wert auf Hygiene und Körperpflege legte. Sie ging nur aus dem Haus, wenn es unbedingt nötig war und zeigte ihre Haut von Gesicht und Händen abgesehen, niemals unbedeckt, da sie sich wie eine Aussätzige fühlte.

Als sie eines Frühlingsmorgens auf dem Weg zu einem benachbarten Dorf war, fühlte sie sich sehr stark von einem Holzapfelbaum angezogen, der am Wegesrand blühte. Seine fünfblättrigen, weißrosa Blüten faszinierten sie wegen ihrer Reinheit und Makellosigkeit. Beim Näherkommen sah sie jedoch die wirren und knorrigen Äste, den unebenmäßigen Wuchs des Baumes und die dornartigen Kurztriebe und war enttäuscht, hatte der Baum doch von der Ferne so vollkommen gewirkt. Jetzt konnte sie die Schönheit der Blüten nicht mehr sehen und wollte gerade ihren Weg fortsetzen, als sie neben sich eine alte Frau bemerkte, die sie wohl schon eine Weile

beobachtet haben mochte. Die Alte sagte: *„Geh' nicht fort, junge Frau, auch wenn du Unvollkommenes an diesem Baum entdeckst, denn seine Blüten können dir zur Heilung verhelfen. Pflücke einige Blütenzweige und komm' mit mir!"*

Frau Saubermann war erstaunt, doch gehorchte sie der alten Kräuterfrau in der Hoffnung, sie möge recht haben. Die Alte führte sie zu einem bescheidenen Holzhäuschen, das mitten in einer großen Waldlichtung stand. Im einzigen Innenraum dieser Hütte fiel Frau Saubermann ein wertvoller orientalischer Teppich auf. Bei genauerem Betrachten bemerkte sie einen Fehler in dem Teppich und sagte: *„Schade, er wäre wunderschön, wenn er nicht diesen Makel hätte."* Darauf erzählte ihr die Kräuterfrau, daß dieser Fehler absichtlich in den Teppich hineingeknüpft worden sei, wie es der Brauch seines Ursprungslandes vorschreibe. Es würde in jenem Lande als Gotteslästerung empfunden, einen Teppich von makelloser Perfektion zu knüpfen, da nur Gott vollkommen sei, die Menschen dagegen unvollkommen.

Daraufhin bereitete die Kräuterfrau eine Tinktur aus den Wildapfelblüten und pinselte die Haut der Kranken damit ein. Einige Tropfen der Arznei gab sie ihr auch zu trinken und wies sie an, diese Behandlung mehrmals täglich durchzuführen. Schon nach einer Woche begann sich der Ausschlag zurückzubilden und war nach drei Wochen vollständig verschwunden. Frau Saubermann fühlte sich wie neugeboren nach einem tiefen, inneren Reinigungsprozeß.

Eigenartigerweise veränderte sich aber gleichzeitig mit ihrem Körper auch ihr Wesen. Ihr übertriebener Reinigungszwang verschwand, und sie hatte mehr Zeit für wichtigere Dinge. Ihre Familie, der sie früher oft mit ihrer Pedanterie auf die Nerven gegangen war, war sehr erleichtert und glücklich über diese Veränderung. Während sie früher mit ihrem auf jeden Makel eingeengten Blick oft die Atmosphäre in der Familie verdorben hatte, wirkte ihre Anwesenheit bei schlechter Stimmung jetzt klärend und entspannend. Es schien, als habe ihre Fähigkeit zur Reinigung, die sie früher nur zum Putzen benutzt hatte, sich nun auch ausgedehnt auf einen seelischen Bereich, in dem es ihr gelang, die in der zwischenmenschlichen Atmosphäre auftretenden *„Verschmutzungen"* umzuwandeln.

Oft kam ihr der Teppich der Kräuterfrau in den Sinn, und sie begann, die Unvollkommenheit der Menschen als Tatsache zu akzeptieren und auch, daß sie selbst keine Ausnahme war.

ELM

Der Hofarzt und die Ulme

Ein an Jahren noch junger, an Erfahrung und Wissen jedoch reicher Arzt machte in seiner Heimatstadt und bald auch in weiten Teilen des Reiches durch besondere Tüchtigkeit und ungewöhnliche Heilerfolge von sich reden. So wurde er eines Tages vor den König gerufen, dessen geliebte Tochter an einer quälenden Krankheit litt, von der sie bisher kein Arzt und keine Arznei hatten befreien können.

Er schaute sich das Mädchen an, untersuchte ihren Körper und sprach dann sehr lange mit ihr, wobei er seltsame Fragen stellte, die wohl schwerlich etwas mit der Krankheit zu tun haben mochten. Dann bereitete er auf umständlichem Wege eine Arznei aus Blüten und gab dem Mädchen davon nur wenige Tropfen. Die Hofärzte beobachteten alles mit mißtrauischen Blicken und verließen schließlich kopfschüttelnd den Raum, um dem König zu berichten, daß der Fremde nichts von der rechten Heilkunst verstehe.

Als der König bald darauf nach seiner Tochter sah, war sie eingeschlafen, und der fremde Arzt war schon zum Aufbruch bereit, da, wie er erklärte, seine Arbeit getan sei. Der König jedoch ließ ihn nicht zie-

hen, denn wenn das Mädchen gesund werde, müsse er sein Leibarzt werden, wenn sich aber kein Heilerfolg einstelle, solle er als Scharlatan an den Pranger gestellt werden.

Die Königstochter wurde gesund, und der Fremde wurde Hofarzt. Er mußte auf Geheiß des Königs die früheren Hofärzte, die ihm jetzt unterstellt waren, seine Heilmethode lehren, was jene jedoch wenig zu schätzen wußten. Der König übertrug seinem Hofarzt zunehmend mehr Verantwortung für die Gesundheit seiner Untertanen, da er sich immer wieder von seiner außergewöhnlichen Tüchtigkeit überzeugen konnte. Der Hofarzt war unermüdlich in Forschung und Lehre und am Krankenbett, und dank seiner sehr kräftigen Konstitution hielt er der hohen Belastung stand, die von ihm verlangt wurde. Bald gehörte er zu den wichtigsten Männern des Reiches und wurde auch als Berater des Königs unentbehrlich.

Es war am Ende des Winters, im ausgehenden Februar, als in mehreren Gebieten des Reiches gleichzeitig eine Epidemie ausbrach, die schon während der ersten Tage mehrere Todesopfer forderte. Der König verlangte von seinem Hofarzt, sofort alle nötigen Maßnahmen zu verordnen und ein Heilmittel zu finden, das an alle Betroffenen im ganzen Reich abzugeben sei.

Der Arzt, dem bisher keine gestellte Aufgabe zu groß erschienen war, fühlte sich bedrückt von der Last der ungeheueren Verantwortung, die ihm übertragen war, und zweifelte daran, dieser Aufgabe gewachsen zu sein. Niedergeschlagen und verzagt zog er sich zurück, um nachzudenken, was zu tun sei. Er war unruhig und unfähig, sich zu konzentrieren, fühlte sich kraftlos und erschöpft, ohne jedoch Schlaf zu finden, durch den er neue Kraft hätte gewinnen können.

Als er im Morgengrauen aufbrach, um dorthin zu reisen, wo die Epidemie am schlimmsten wütete, fiel ihm im Park eine blühende Ulme auf. Während alle anderen Bäume und Pflanzen des Parks in ihrer dunklen Winterstarre zum düsteren Grau dieses Morgens paßten, war dieser blühende Baum der Träger einer unerschütterlichen Lebenskraft, die sich durch nichts bremsen zu lassen schien. Der Arzt blieb, wie von einem Wunder gebannt, stehen und spürte, wie in seinem Herzen die Sonne aufging und alle Zweifel, Verzagtheit und Erschöpfung der vergangenen Nacht verschwinden ließ. Sein Atem wurde kräftig, und mit jedem Atemzug kam mehr von jener Kraft zurück, an die ihn die blühende Ulme erinnert hatte. Doch nicht nur seine Kraft fühlte er zurückkommen, sondern auch die Gewißheit, mit einer viel größeren Kraft verbunden zu sein, auf deren Hilfe er vertrauen konnte und die durch ihn wirkte, wenn er bereit war, ihr zu dienen.

Wenige Minuten später war er schon unterwegs. Nach der Behandlung mehrerer Kranker, die alle der gleichen Arznei bedurften, sandte er Kuriere im ganzen Land aus, um die Medizin zu verteilen. Binnen einer Woche war der Schrecken der Epidemie gebannt, und der Hofarzt konnte zum König zurückkehren, der ein großes Fest zu seinen Ehren vorbereiten ließ.

Wann immer in seinem weiteren Leben der Arzt von dem Gefühl übermannt wurde, einer Aufgabe nicht gewachsen zu sein, ging er in den Park zu jener Ulme, die ihn damals an seine eigene und an die Anwesenheit der viel größeren Kraft erinnert hatte, die demjenigen verfügbar wird, der sich dienend für sie öffnet. Und so konnten seine Selbstsicherheit, seine Lebens- und Schaffenskraft und sein Vertrauen niemals mehr verloren gehen.

GENTIAN

Der Pessimist und der weise Narr

Zu jener Zeit, als die meisten Wege noch zu Fuß zurückgelegt wurden, irrte ein heimatloser Wanderer durchs Land. Seine Kleider waren grau und staubig, sein Schritt ohne Schwung. Was er suchte, wußte er nicht, er wußte nur, daß alles was er bisher gefunden hatte, nicht das Richtige war, und war sicher, daß er es auch nicht finden würde. Jedes Hindernis entmutigte ihn völlig, und oft genügte ein kleiner Stein, über den er stolperte, um ihn am Wegesrand niedersinken zu lassen, ganz in sich zusammengefallen. *„Ich hab's ja gleich gewußt"*, sagte er dann, *„daß dieser Weg falsch ist, und überhaupt ist das Leben sinnlos"*. Dann war er sehr traurig, niedergeschlagen und verzweifelt und blieb oft lange wie ein Häufchen Elend am Wegesrand sitzen.

So saß er auch an jenem Abend da, als ein kleiner alter Mann mit weißem Bart vor ihm stehenblieb und ihn mit lustigen, funkelnden Augen anblitzte. Der Wanderer, der Menschen gegenüber immer mißtrauisch war, wendete sich ab und brummte: *„Ich brauche niemanden, der sich über mich lustig macht"*. *„Lustig machen"*, sagte der Alte, *„muß ich mich nicht, das bin ich schon. Aber dir könnt' es nicht schaden, dich ein* *wenig lustig zu machen. Komm doch mit, im nächsten Ort ist heut' ein Fest, haben mir die Leute erzählt, da geh'n wir hin. Vielleicht sind auch nette Mädchen da zum Tanzen, das wird dir Freude machen."*

"Ach hör' mir auf mit den Weibern", sagte der Wanderer mißmutig, "erst machen sie dir schöne Augen und dann lassen sie dich sitzen, nein, nein, die Enttäuschung erspar' ich mir, und überhaupt, wer heute tanzt, ist morgen traurig, da bleib' ich lieber hier sitzen. Geh' du nur alleine hin, dann wirst du schon sehen, daß ich recht habe."

"Wenn du immer nur das Schlimmste erwartest, wirst du es sicher auch erleben", erwiderte der alte Mann ruhig, "ich jedenfalls habe noch auf jedem Fest meinen Spaß gehabt. Weißt du, ich erwarte gar nichts, ich laß' mich viel lieber überraschen von allem, was kommt. Und so, wie's kommt, ist's mir recht. Wenn Tanz ist, dann tanze ich und denke nicht an morgen. Wenn ich dann mal traurig bin, dann weine ich eben, das gehört auch dazu. Wenn du nichts Bestimmtes erwartest, verstehst du, wirst du auch nicht enttäuscht. Und daß alles, was geschieht, seine Richtigkeit hat, das brauche ich nicht zu erwarten, denn das weiß ich."

"Woher willst du das wissen?" fragte skeptisch der Wanderer, der, fast ohne es zu merken, inzwischen aufgestanden war und neben dem Alten hertrottete.

"Ach, weißt du, ich bin schon sehr alt und habe viel erlebt. Früher, da war ich auch mit vielem nicht einverstanden, aber im nachhinein mußte ich immer erkennen, daß es besser gar nicht hätte laufen können. Dann habe ich nach und nach aufgehört, Gott ins Handwerk pfuschen zu wollen, weil Er es einfach besser kann, darauf kann ich mich verlassen, und weißt du, dadurch erspare ich mir eine Menge Mühe, Ärger und Schmerzen. Und das, was an Schmerzen dann noch übrig bleibt, ist genauso Teil des Lebens, wie das Lachen und die Freude."

"Ja, aber..." begann unser Zweifler, doch er wurde durch laute Musik unterbrochen und sah, daß sie bereits auf dem Marktplatz angekommen waren, wo das Dorffest gerade begann.

"Oje, Blechmusik, wo ich doch keine Blechmusik mag, ich hab's ja gleich gewußt, daß das Fest eine Enttäuschung wird", brummelte unser Wanderer, aber niemand hörte ihn, denn der Alte war mit seinem Stock schon in die Mitte gehumpelt, wo getanzt wurde, und konnte ihn bald fallen lassen, weil ein junges Mädchen lachend auf ihn zukam, um mit ihm zu tanzen. Er strahlte über das ganze Gesicht, scherzte und lachte mit dem Mädchen und schien alles um sich herum zu vergessen.

Der Wanderer setzte sieh am Rande des Platzes auf eine Bank und beobachtete das wilde Treiben mit kritischem Blick. *„Das ist alles zu laut und zu ausgelassen, einfach kindisch und albern, nein, nichts für mich, da fehlt die Tiefe"*, murmelte er vor sich hin.

„Du schaust immer nur auf das, was fehlt, mein Freund", hörte er plötzlich den alten Mann sagen, den er gar nicht hatte kommen sehen, *„und darum siehst du nicht, was alles da ist. Schade."* Und schon verschwand er wieder in der tanzenden Menge.

Als der Wanderer aufschaute, um dem Alten etwas zu erwidern, was mit *„aber"* begann, sah er plötzlich am anderen Ende seiner Bank ein Mädchen sitzen, das wohl schon eine Weile dort gesessen hatte und ihn freundlich ansah. Erschrocken wandte er seinen Blick ab und starrte auf das Kopfsteinpflaster vor seinen Füßen. Er hatte in dem kurzen Moment, als er dem Blick des Mädchens begegnet war, gespürt, daß der Alte da gerade etwas sehr Wahres gesagt hatte, und so war er bereit, auch das anzunehmen, was er vorher gesprochen hatte.

Langsam erhob er seinen Blick wieder, sah vorsichtig und zaghaft zu dem Mädchen hin, das ihn immer noch offen und liebevoll anlächelte. Ohne zu sprechen nahm sie nun seine Hand und führte ihn behutsam auf den Platz. Der Wanderer ließ es geschehen, und es erschien ihm alles wie ein Wunder. Das Mädchen begann sanft mit ihm zu tanzen, und er vertraute sich ihr mit staunendem Herzen an. Seine

steifen Glieder wurden weicher, und es wurde ihm warm ums Herz. Zum ersten Mal in seinem Leben fühlte er sich am richtigen Platz, fühlte sich zu Hause und dazugehörig, und zum ersten Mal dachte er nicht an morgen. Er spürte, daß alles, was geschah, gut war und vertraute sich an.

Den Alten sah er nie wieder, denn der war schon vor Ende des Festes zufrieden schmunzelnd weitergezogen.

Unser Wanderer blieb in dem Ort und wurde mit dem Mädchen sehr glücklich. Mit ihr zusammen lernte er zu leben, ließ sich immer weniger durch Rückschläge und Hindernisse entmutigen und traute sich mehr und mehr, das Risiko des Lebens einzugehen. Sein ganzes Leben lang vergaß er die Worte des Alten nicht mehr und verstand immer besser, was er ihm damit hatte sagen wollen.

Nach und nach entwickelte sich in seinem Herzen die Gewißheit, daß es Gott gab und daß er ihm vertrauen konnte.

GORSE

Die Besenbinderin

Es war eine sehr karge, steinige Gegend, in der die Hütte der Besenbinderin abseits eines kleinen Dorfes stand. Außer vielen Ginsterbüschen wuchs fast nichts in der näheren Umgebung, und da sie nicht nur Ginsterbesen band, mußte sie weite Wege zurücklegen, um das Material für die Besen und Körbe, die sie machte, zu sammeln. Sie war sehr fleißig und hatte in jungen Jahren die große Hoffnung, durch die Geschicklichkeit und den Fleiß ihrer Hände die bittere Armut hinter sich zu lassen und den Weg in ein besseres Leben zu finden. Sie konnte auch in manchem Jahr durch den Verkauf ihrer Waren mehr einnehmen, als sie zum Leben brauchte.

Als ihr dann der Försterssohn seine Liebe gestand, schien sie der Erfüllung ihrer Hoffnung zum Greifen nahe zu sein. Doch ihr Liebster besann sich unter dem Druck seines Vaters dann doch anders, und die Besenbinderin blieb allein in ihrer Hütte. Sie war bitter enttäuscht, zog sich noch mehr als vorher von den Leuten zurück und war sicher, daß sie bis an ihr Lebensende allein bleiben mußte.

Ihre Arbeit machte sie mit dem gewohnten Fleiß weiter, bis einige Monate später ihre Finger zu schmerzen begannen, in den Gelenken anschwollen und immer steifer wurden. Zuerst behandelte sie die Hände selbst mit Kräuterumschlägen und Salben, begab sich dann zu verschiedenen Heilern und Ärzten der näheren und weiteren Umgebung, es stellte sich jedoch keine Besserung ein. Ihre Arbeit ging ihr immer schwerer und langsamer von der Hand, und sie bekam Angst um ihre Existenz. Schließlich verlor sie ihren Mut und jede Hoffnung, jemals wieder gesund zu werden, zog sich ganz in ihre Hütte zurück und hörte auf zu arbeiten. Ihr Gesicht wurde blaß und fahl, und unter ihren Augen bildeten sich dunkle Schatten.

Eine alte Kräuterfrau, die sich ebenfalls vergeblich um ihre Heilung bemüht hatte, kam eines Morgens an ihrer Hütte vorbei, und als niemand auf ihr Klopfen antwortete, trat sie ein. Sie war ergriffen vom Bild der Hoffnungslosigkeit, das sich ihr bot, und versuchte, die Besenbinderin zu einem weiteren Behandlungsversuch zu überreden oder sie zumindest ein paar Schritte vors Haus zu bringen in die Sonne, die ihr so sehr zu fehlen schien. Die Kranke erwiderte: *„Ich gehe nur dir zuliebe mit, denn für mich gibt es keine Hilfe mehr"*.

Es war Frühsommer, die Sonne schien warm und angenehm, und die Besenbinderin spürte schon nach wenigen Schritten, wie sich ihr düsteres Gemüt auf-

hellte. Wenig später blieb sie vor einem blühenden Ginsterbusch stehen, dem sie bisher nie Beachtung geschenkt hatte, da es Stechginster war, der sich zum Besenbinden nicht eignete. Sie betrachtete ihn lange und empfand die Nähe dieser Pflanze als sehr wohltuend. Nach einer Weile des Schweigens sagte sie: *„Wie schön die Blüten dieses stacheligen Busches sind. Mir ist, als hätte ich sie nie beachtet und immer nur seine karge Umgebung gesehen."*

Die Kräuterfrau sammelte einige von den sonnengelben Blüten und bereitete eine Arznei daraus. Schon nach wenigen Tagen ließen die Schmerzen der Besenbinderin nach, die Finger wurden wieder beweglicher und sie machte täglich einen Spaziergang in der Sonne, um den Stechginsterstrauch zu besuchen. So wurde sie bald wieder gesund. Die überstandene, schwere Krankheit hinterließ jedoch ihre Spuren an ihren Händen, so daß sie nicht mehr alle Tätigkeiten ausführen konnte, die zu ihrem Beruf gehörten.

Durch die Kräuterfrau erfuhr sie von einer kleinen Gemeinschaft von Menschen, die zusammen lebten und arbeiteten. Unter anderem stellten sie auch Besen, Bürsten und Körbe her. Die Kräuterfrau, die selbst einige Jahre dort gelebt hatte, begleitete sie dorthin, und sie wurde in die Gemeinschaft aufgenommen. Nachdem sie sich eingewöhnt hatte, fühlte sie sich sehr wohl in der Gruppe und genoß die Nähe der anderen Menschen sehr, war sie doch ihr Leben lang alleine gewesen.

Nach und nach wurde ihr klar, daß die Krankheit, die ihr zuerst alle Hoffnungen geraubt hatte, ihr geholfen hatte, ihre Hoffnung auf ein besseres Leben zu erfüllen – nur sah dieses andere Leben ganz anders aus, als sie es sich vorgestellt hatte. Doch sie spürte, daß diese Lebensform die richtige für sie war, und fühlte sich glücklich dabei. Von nun an verlor sie nie mehr die Hoffnung und den Mut, denn sie hatte erlebt, daß ihr vom Schicksal der Weg gewiesen wurde, und lernte immer mehr, dessen Sprache zu verstehen.

HEATHER

Vom Nehmen zum Teilnehmen

In einem Dorf der Heide, die sich als weite Ebene zwischen Hügelland und Meer erstreckte, lebte Herr Heather, ein junger Mann, der Zeit seines Lebens versucht hatte, sich in der Gemeinschaft der Heidebewohner hervorzutun und die Aufmerksamkeit der anderen auf sich zu ziehen.

Die Heidebewohner waren ein Volk, in dem jeder einzelne in der Gemeinschaft aufging und das Ganze wichtiger war als das Individuum. Jeder hatte seinen Platz, leistete seinen Beitrag zur Gemeinschaft, aber keiner war etwas Besonderes. Bescheidenheit war die Stärke dieses Volkes, und sein karger Lebensraum machte diese Eigenschaft und den engen Zusammenhalt der Bewohner auch erforderlich, denn es wäre einem einzelnen gar nicht möglich gewesen, in dieser Gegend zu überleben, die vom Mangel geprägt war. So fühlten sich alle Bewohner der Heide trotz der kargen Bedingungen geborgen in der harmonischen Gemeinschaft, alle, außer Herrn Heather.

Er hatte schon als Kind jede Gelegenheit wahrgenommen, sich in den Mittelpunkt zu drängen und auf sich aufmerksam zu machen. Immer nur sich selbst hatte er im Auge, seine eigenen Wünsche und

Bedürfnisse, lenkte jedes Gespräch geschickt auf sich, ohne auf die anderen zu hören, und war unermüdlich, seine Mitmenschen für sich zu interessieren. Er konnte nie genug Aufmerksamkeit, genug Anerkennung, genug Liebe bekommen, war einfach unersättlich im Nehmen. Das Geben jedoch war ihm fremd, lebte er doch im Bewußtsein des Mangels und des Brauchens. Wie ein bedürftiges Kleinkind verhielt er sich, auch als er das Alter schon längst verlassen hatte, in dem dieses Verhalten angemessen ist.

Wie man sich leicht denken kann, wurde er den übrigen Heidebewohnern sehr bald lästig, man wich ihm aus, und er wurde zunehmend einsamer, was für Herrn Heather schier unerträglich war, fiel ihm doch nichts schwerer, als allein zu sein. So führte sein Verhalten zum genauen Gegenteil dessen, was er eigentlich damit hatte erreichen wollen, nämlich freundliche Aufmerksamkeit, Anerkennung, Zugehörigkeit und Geborgenheit.

Enttäuscht verließ er die Heide und machte sich auf die Suche nach einer besseren Welt, die ihm mehr Beachtung schenken würde. Nach einigen Jahren Wanderschaft erreichte er das Haus der Wegwarte Frau Chicory, deren Geschichte an anderer Stelle erzählt wird. Sie hatte ihn natürlich schon von weitem kommen sehen, da ihr nichts entging, was im Umkreis ihres Wegwärterhäuschens geschah. Eifrig eilte sie ihm entgegen, denn seine Bedürftigkeit sprang ihr sofort ins Auge.

Herr Heather war glücklich über so viel Aufmerksamkeit und fing sofort an, von sich zu reden, während ihn Frau Chicory ins Haus führte. Sie lud ihn ein, ein paar Tage bei ihm auszuruhen, sie werde sich darum kümmern, daß er wieder zu Kräften komme. Heather bezweifelte heftig, daß dies in so kurzer Zeit zu erreichen sei, und kündigte einen längeren Aufenthalt an, womit die Wegwarte einverstanden war.

In den nächsten Tagen und Wochen fühlte sich Herr Heather so wohl wie noch nie in seinem Leben. Endlich glaubte er, gefunden zu haben, wonach er gesucht hatte, denn er wurde fürsorglich gepflegt und gehegt und Frau Chicory behandelte ihn wie einen eigenen Sohn. Er saugte ihre Zuwendung und ihr Wohlwollen gierig in sich auf wie ein ausgetrockneter Schwamm. Als die Wegwarte jedoch bemerkte, daß absolut nichts dafür zu ihr zurückkam und sie weder Anerkennung noch Dankbarkeit von ihm erwarten konnte, verlor sie bald das Interesse und schickte ihn von einem auf den anderen Tag fort.

Zunächst war er wie vor den Kopf gestoßen, und er schlug nicht weit vom Wegwärterhäuschen entfernt sein Lager auf, um nachzudenken. Vor allem beschäftigten ihn die letzten Worte der Wegwarte, die ihm noch in den Ohren klangen: *„Du bist ein Faß ohne*

Boden, ich hab' keine Lust mehr, mich von dir aussaugen zu lassen wie von einem Vampir".

Nach und nach fiel es ihm wie Schuppen von den Augen, daß er bisher wirklich nur erwartet, gefordert, gesaugt, genommen hatte, aber noch nie gegeben, daß er immer nur an sich gedacht und die anderen weder gehört noch gesehen hatte, außer, um seine Bedürfnisse und Wünsche zu erfüllen. Obwohl ihn die Abfuhr der Wegwarte sehr verletzt hatte, war er ihr jetzt dankbar, denn er spürte, daß sich vieles ändern würde, nachdem sie ihm sein bisheriges Verhalten so deutlich vor Augen geführt hatte.

Er kehrte zurück in die Heide und begann, sich in die Gemeinschaft einzugliedern, nahm am Dorfleben teil und fand bald seinen Platz in der Gemeinde. Es gelang ihm nun auch, Kontakte zu knüpfen, die nicht mehr einseitig waren und aus denen sich echte Freundschaften entwickelten. Je mehr er sich für die anderen interessierte, um so öfter bekam er nun ganz freiwillig und unaufgefordert die Aufmerksamkeit, die er früher zu erzwingen versucht hatte.

Es kam ihm vor, als habe sich seit seiner Rückkehr nicht nur er selbst, sondern die ganze Welt verändert, die Menschen, die Landschaft, einfach alles. Die Heide, die ihm früher karg, eintönig und trostlos erschienen war, bot nun Schönheit, Vielfalt und Reichtum, und die bescheidene Teilnahme an der besonderen

Gemeinschaft der Heidebewohner gab ihm jene Geborgenheit und Zugehörigkeit, von der er sich früher selbst ausgeschlossen hatte.

Einige Jahre später, als er seiner zukünftigen Frau begegnete, erlebte er, daß Liebe etwas ist, was man nicht bekommen kann, ohne selbst zu lieben, und wie wunderbar es sein kann, sein Herz zu öffnen. Plötzlich war da Fülle, wo früher Mangel zu sein schien, und er war sehr dankbar, da er nun sicher war, alles zu bekommen, was er wirklich brauchte.

HOLLY
Von Haß und Liebe

In einem großen Königreich zogen zwei benachbarte Fürstentümer gegeneinander in den Krieg, weil sie sich gegenseitig vorwarfen, vom König begünstigt worden zu sein. Die beiden Heere empfanden nichts als Haß, Neid und Eifersucht füreinander und brannten darauf, die Feinde zu vernichten. Dabei kam es zu einem Überfall auf ein kleines, unverteidigtes Dorf, in dem nur Frauen, Kinder und Greise zurückgeblieben waren. Die Frauen wurden brutal vergewaltigt, Kinder gequält und Alte getötet.

Eine der Frauen wurde schwanger und haßte das Kind, das in ihrem Schoß heranwuchs, wie einen bösen Dämon. Es wurde ein Mädchen und bekam den Namen Holly. Und wie erwartet, war sie wirklich ein kleiner Teufel, boshaft, hinterlistig und zerstörerisch.

Niemand mochte sie leiden, und auch die anderen Kinder im Dorf gingen ihr aus dem Weg, da sie sie fürchteten. Sie war der Feind im eigenen Land. Auch später, als sie erwachsen war, blieb sie gehässig und zänkisch, und wenn man an ihrer Hütte vorbeikam, sah man sie am Fenster durch die Gardinen spähen und das Dorfleben mit neidischen Blicken beobachten, an dem sie nicht teilnehmen konnte. Wann immer sie jemanden sah, der sich freute oder gar glücklich war, heckte sie irgendeine Bosheit aus, mit der sie das Glück zu zerstören versuchte, was ihr auch oft gelang.

So kam es immer seltener vor, daß jemand an ihrem Haus vorbeiging. Auf der anderen Straßenseite, im Haus gegenüber, wohnte eine junge Familie mit einem kleinen Mädchen, das etwas kränklich war und deshalb oft zu Hause blieb und aus dem Fenster sah. Obwohl Holly ihr böse und gehässige Blicke zuwarf, schaute das Mädchen immer lieb und freundlich herüber zu der Oma von gegenüber. Holly konnte die Blicke des Kindes anfangs nicht ertragen und schaute nach wenigen Augenblicken in eine andere Richtung. Das Mädchen jedoch blieb dabei, hinüberzuwinken und dabei freundlich zu lächeln.

Holly spürte, daß in ihrem Herzen etwas Merkwürdiges geschah. Das Kind schien sie darauf aufmerksam zu machen, daß auch sie ein Herz besaß, wenngleich sie es bisher nicht gespürt hatte. Allmählich ertrug sie den Blick des Kindes länger, und ihr Herz fühlte sich an, als ob es von warmen Wellen umspült würde. Erst jetzt, als es aufzutauen begann, wurde Holly bewußt, wie kalt und starr und verschlossen ihr Herz bisher gewesen war. Darüber war sie nun sehr traurig und weinte oft stundenlang über ihr liebloses, armseliges und einsames Leben, das sie bisher geführt hatte.

Manchmal kam das kleine Mädchen über die Straße gelaufen und klopfte an Holly's Fenster. Das tat sie so oft, bis Holly ihr die Türe öffnete und unsicher und ängstlich das Kind hereinließ, das sie mit ihrem kindlich unschuldigen Charme schnell in ein Gespräch verwickelte. Dabei stellte sich heraus, daß das Mädchen ebenfalls Holly hieß.

Einige Tage später war Weihnachten, und die kleine Holly kam wieder über die Straße gelaufen und klopfte ans Fenster. Die Tür wurde schnell geöffnet, und das Mädchen überreichte strahlend den Stechpalmenzweig, den sie mitgebracht hatte. Seine roten Beeren leuchteten wie die Augen des Kindes. Mit dem Zweig überbrachte die Kleine ihrer großen Freundin die Einladung, zusammen mit ihr und ihren Eltern das Weihnachtsfest zu feiern. Holly nahm das kleine Mädchen in die Arme und weinte Tränen des Glückes. Und sie sagte etwas, was sie noch niemals ausgesprochen oder gedacht hatte: *„Ich hab' dich lieb"*.

Von diesem Tag an war das Eis ihres Herzens gänzlich geschmolzen, und nach und nach traute sie sich auch, anderen gegenüber ihr Herz zu öffnen. Es dauerte lange, bis sie Kontakt zu den Dorfbewohnern fand, da jene verständlicherweise die Veränderung

mit Vorsicht und Mißtrauen beobachteten. Mit Hilfe der kleinen Holly jedoch, die überall beliebt war, fand sie allmählich Einlaß in die Dorfgemeinschaft. Es kam ihr vor, als habe sich die ganze Welt verändert, seit sie ihr Herz geöffnet hatte. Sie sah jetzt so viel Erfreuliches, Schönes und Liebenswertes, dessen Existenz sie früher für unmöglich gehalten hatte.

Die beiden Hollys blieben gute Freundinnen und pflanzten im nächsten Frühjahr gemeinsam eine Stechpalme. Wann immer die große Holly im Begriff war, ihr Herz zu verschließen, erschien vor ihrem inneren Auge das Bild dieses Baumes mit dem kleinen Mädchen davor, und es war ihr unmöglich, sich nicht wieder zu öffnen.

Immer öfter spürte sie tief in ihrem Inneren die Existenz eines Wesens, das sie selbst war, aber das dennoch weit über die Grenzen ihres Körpers hinausreichte. Wenn sie damit in Kontakt war, spürte sie gleichzeitig ihre Verbundenheit mit allen Menschen und mit Gott, dessen Liebe alles umfasst.

HONEYSUCKLE

Professor Anticus

Professor Anticus, ein angesehener Altertumsforscher, saß schon in jungen Jahren am allerliebsten in seiner Studierstube und vertiefte sich in die Wirklichkeit vergangener Jahrhunderte. Davon war er so fasziniert, daß er oft Essen und Trinken vergaß und bis zum Morgengrauen über den alten Büchern brütete. So, wie er Tag und Nacht kaum wahrnahm, war ihm auch oft nicht bewußt, ob draußen Sommer oder Winter war. Manchmal sah man ihn mit Mantel und Schal durch die sonnenbeschienenen Straßen laufen, um sich beim Schreibwarenhändler Papier und Tinte zu besorgen.

Die meisten Leute lächelten über ihn, doch er bemerkte es nur selten, war doch sein Blick weit in die Vergangenheit gerichtet. Seine alte Wirtin, in deren Haus er eine Dachstube bewohnte, schaute vor allem im Winter von Zeit zu Zeit nach ihm und heizte in dem kleinen gußeisernen Ofen tüchtig ein, wenn sie ihn sommerlich bekleidet in klirrender Kälte vor seinen Büchern sitzend vorfand. Häufig bemerkte er sie gar nicht, denn er war ganz in seine Studien vertieft. Die wenigen Gegenstände, die sein mit Büchern angefülltes Zimmer enthielt, waren Bruchstücke von altertümlichen Gefäßen und Skulpturen.

Durch seinen großen Fleiß erwarb er sich schon früh einen Namen in der Fachwelt und wurde mit kaum dreißig Jahren als Professor an die Universität der Stadt berufen. So forschte und lehrte er viele Jahre, bis ihm etwas für ihn Unglaubliches zustieß. Eine der wenigen Studentinnen, die seine Vorlesungen besuchte, verliebte sich in ihn und versuchte, lange Zeit von ihm völlig unbemerkt, auf sich aufmerksam zu machen.

Da sie sehr temperamentvoll war und Geduld nicht zu ihren größten Tugenden zählte, suchte sie ihn eines Abends in dem kleinen, etwas abseits der Stadt gelegenen Häuschen auf, das er bewohnte. Sie mußte den alten Türklopfer sehr oft betätigen, bis er ihr öffnete und völlig erstaunt vor ihr stand. Durch die Überraschung wachgerüttelt, denn noch nie hatte ihn ein Mädchen besucht und ihn so angesehen, erblickte er in ihren Augen eine ganz unbekannte Welt, die ihn in seinem Herzen berührte. Ihm war, als ob er in wenigen Augenblicken eine weite Reise aus ferner Vergangenheit in die Gegenwart machte, ohne daß er etwas dazu oder dagegen tun konnte.

Es begann nun eine Zeit, in der die beiden oft zusammen waren, und das Leben des Professors war völlig verwandelt. Er war viel lebendiger geworden, wacher und aufmerksamer und nahm am Leben hier

und jetzt teil. Beide waren sehr glücklich miteinander und heirateten, kaum daß ein Jahr vorüber war.

Ein Jahr später jedoch, kurz nach der Geburt ihres ersten Sohnes, starb die Frau überraschend am Kindbettfieber. Der Professor war verzweifelt, weinte und klagte laut und wollte nicht glauben, daß seine geliebte Frau wirklich und endgültig von ihm gegangen war. Da er nicht in der Lage war, sich um den neugeborenen Sohn zu kümmern, den er in seiner Trauer auch ganz vergessen zu haben schien, nahm seine Schwester das Kind zu sich.

Im Haus ließ der Professor alles, wie es war, ihre Kleider blieben im Schrank, und alles sah so aus, als würde er ihre Rückkehr jederzeit erwarten. Er vernachlässigte seine Pflichten, saß stundenlang reglos vor einem Bild seiner Frau und lebte in der Erinnerung an die wunderschöne Zeit mit ihr. Auch hörte man ihn nie von etwas anderem reden als von ihr. Oft grübelte er darüber nach, wie viel gemeinsame Zeit er dadurch versäumt hatte, daß er ihre Liebe so lange nicht bemerkt hatte, und beklagte diese ungenütze Möglichkeit. Die Gegenwart dagegen schien er überhaupt nicht wahrzunehmen, und sie interessierte ihn auch nicht mehr. Nach einiger Zeit begann er dann, seine Arbeit wieder aufzunehmen, aber seine Gedanken zogen ihn immer wieder hin zu den Erinnerungen an seine Frau.

Nach drei Jahren bekam er überraschend Besuch von seiner Schwester, die inzwischen mit ihrer Familie in eine weit entfernte Stadt gezogen war. In dem Augenblick, in dem sein Sohn vor ihm stand und ihn mit seinen leuchtenden Kinderaugen anlächelte, geschah etwas Ähnliches wie an dem Tag, an dem er seine Frau kennengelernt hatte. Er wurde aus der Vergangenheit in die Gegenwart gezogen und fing wieder an zu leben. Er spielte viel mit seinem Sohn und lernte von ihm, was man von niemandem besser lernen kann, als von einem Kind, nämlich ganz im Augenblick zu sein. Er räumte die Kleider seiner Frau aus dem Schrank und gab sie weg, um für die Sachen seines Sohnes Platz zu schaffen. Mit Hilfe seiner Schwester gestaltete er das ganze Haus um und richtete ein Kinderzimmer ein, denn er hatte beschlossen, das Kind bei sich zu behalten und es selbst großzuziehen.

Da er nun wieder wahrnahm, was um ihn herum geschah, bemerkte er auch, daß es in der Nachbarschaft eine Frau gab, die sich schon seit geraumer Zeit bemüht hatte, seine Aufmerksamkeit zu gewinnen. Er lernte sie kennen und spürte eine starke Zuneigung zu ihr. Auch der kleine Junge mochte sie gerne, und als er zum erstenmal *„Mama"* zu ihr sagte, war den beiden klar, daß sie zusammen bleiben wollten. Alle drei waren sehr zufrieden und glücklich in der neuen Familie, und der Vater, der nun auch wieder Spaß an seiner Arbeit hatte, erzählte dem Jungen oft Geschichten aus dem Altertum, denen das Kind und oft auch die neue Mutter fasziniert zuhörten.

Aber nie wieder floh der Professor in die Vergangenheit, aus deren Bann er sich nun endgültig befreit hatte. Er lebte ganz in der Gegenwart, die durch den lebendigen Kontakt zur Vergangenheit um viele Erfahrungen und Lehren bereichert wurde.

HORNBEAM

Die Entdeckung vergessener Räume

In der Zeit des Biedermeier erbte ein junger Buchhalter ein altes Herrenhaus mit reichlichem Grundbesitz. Da er alleinstehend war, bewohnte er nur einen kleinen Teil des Hauses, die meisten Räume blieben unbenutzt. Er richtete auch ein Büro im Hause ein, wo ihn seine Kunden aufsuchten, für die er die Buchführung erledigte. Es waren meist mittelständische Kaufleute, Geschäftsinhaber und Kleinunternehmer.

Die tüchtige, gutmütige Haushälterin, die seit ihrer Jugend dem Herrn dieses Hauses treu gedient hatte, beschäftigte er weiter, und sie kümmerte sich um alles in Haus und Garten. Sie war es auch, die zweimal im Jahr die Hainbuchenhecke schnitt, die das parkähnliche Grundstück wie eine trutzige Burgmauer fest umschloß.

Herr Hagebuch, so hieß der Buchhalter, kam oft tagelang nicht aus dem Haus, da es dafür auch keine Notwendigkeit gab. Sein Tagesablauf war, wie alles in seinem Leben, sehr genau geregelt. Die meisten Stunden des Tages verbrachte er in seinem Büro und schrieb lange Zahlenkolonnen in dicke Bücher. Wenn auch seine Auftraggeber verschieden waren, seine Arbeit war immer die gleiche, und er erledigte sie termingerecht und zuverlässig.

So erstarrte sein Leben von Jahr zu Jahr mehr und mehr in Gewohnheit und Routine, und es gab immer weniger Raum für Lebendigkeit und Bewegung, sowohl körperlich als auch geistig. Als er etwa 50 Jahre alt war, begann er, sich zunehmend unwohl zu fühlen. Sein Körper fühlte sich schwer und müde an, und morgens, wenn er noch im Bett lag, erschien ihm der Gedanke an den Tag, der vor ihm lag, wie eine unglaubliche Last. Die Vorstellung von den Anforderungen, die der kommende Tag ihm abverlangte, ließ ihn bleischwer und lustlos in seinem Bett versinken. Hatte er dann den ersten Schritt getan, ging es von Stunde zu Stunde besser, und am Abend mußte er sich Tag für Tag eingestehen, daß er doch geschafft hatte, was ihm am Morgen noch unmöglich erschienen war. Aber trotzdem war er am nächsten Morgen so müde, schwer und lustlos wie tags zuvor. Sein Kopf fing an, sich auch tagsüber schwer zu fühlen, und schien wie eine Last auf den Schultern zu liegen.

Er bekam auch Atembeschwerden, die morgens am schlimmsten waren. Dann saß er oft im Bett und konnte die Luft beim Ausatmen nicht recht loswerden, weil alles zu eng war. Beim Einatmen war es, als könnte er nur bis zu einer Grenze einatmen, so daß er nur einen kleinen Teil seines Atemraumes nutzen konnte.

Als er eines Morgens um Luft ringend in seinem Bett saß und nach einer Erklärung suchte, warum er nicht seine volle Atemkapazität zur Verfügung hatte, fiel ihm auf, daß er auch von seinem Haus nur einen kleinen Teil bewohnte und sein Grundstück so gut wie gar nicht benutzte. Diese Erkenntnis erschien ihm wie ein Schlüssel zur Überwindung seiner unglücklichen Lage und gab ihm die Kraft aufzustehen. Er ging zunächst durch sein Haus und betrat all die unbewohnten Räume, die von der Haushälterin über all die Jahre instandgehalten worden waren. Die alten Möbel hatte sie sorgsam mit Tüchern zugedeckt. Da waren Säle und Kammern, Erkerzimmer und Salons, Schlafzimmer und Gästezimmer, eine Bibliothek, Terrassen und Balkons, von denen er nichts gewußt hatte. So entdeckte er stundenlang staunend sein eigenes Haus.

Danach ging er hinaus in den parkähnlichen Garten und atmete die frische Frühlingsluft. Während sein Atem immer leichter ging, fragte er sich, warum er all die Jahre nie hier gewesen war, und konnte es jetzt nicht mehr verstehen. Es zog ihn unwiderstehlich zu einer alten, hölzernen Bank, die ihren Platz unter einer stattlichen Hainbuche hatte.

Sie stand in voller Blüte, und die Luft summte von

den vielen Bienen, die den Überfluß an Blütenstaub sammelten. Er spürte, daß von diesem Baum eine Kraft auf ihn überging, eine belebende, erfrischende, erweckende, begeisternde Kraft, die er in sich aufsaugte wie ausgetrocknete Erde den langersehnten Regen. Und ähnlich wie das Erdreich durch das Wasser weich, geschmeidig und fruchtbar wird, schien sich Herr Hagebuch durch die Kraft der Hainbuche aus seiner Erstarrung zu lösen, die er durch Gewohnheit, Routine und selbstbegrenzende Vorstellungen von seiner Kraft und seinen Möglichkeiten verursacht hatte. Es war, als ob er in einem Jungbrunnen badete, der ihm seine Lebendigkeit zurückgab. Sein ganzes bisheriges Leben kam ihm schal und hanebüchen vor. Er blieb lange auf jener Bank sitzen und hatte unzählige Ideen und Einfälle, wie er sein Leben in Zukunft gestalten wollte.

In den nächsten Wochen und Monaten war das Leben des Buchhalters durch sprühende Lebendigkeit gekennzeichnet. Im Haus ließ er einiges renovieren und arbeitete teilweise tatkräftig mit. Er ließ das ganze Haus für ein großes Fest vorbereiten, das einige Monate später stattfand und der Beginn seines Wiedereintritts in das gesellschaftliche Leben der nahegelegenen Stadt war.

Zur Ausübung seines Berufs besuchte er jetzt seine Kunden und erledigte die Buchführung an Ort und

Stelle. Dadurch war er immer wieder an anderen Orten, und seine Arbeit wurde abwechslungsreicher und interessanter. Auch bekam er auf diese Weise mehr Kontakt zu seinen Kunden.

An seinem Grundstück nahm er ebenfalls einige Veränderungen vor, deren wichtigste darin bestand, daß er die Hainbuchenhecke von nun an wild wachsen ließ, wodurch sie wieder jedes Frühjahr üppig blühte. Er kümmerte sich jetzt selbst um die Pflege des Parks und verbrachte einen großen Teil seiner Freizeit im Freien. Oft lud er Gäste ein und entdeckte immer neue Interessen, die sein Leben bereicherten.

Seit seiner großen Veränderung erlebte er eine nie gekannte Tatkraft und Begeisterungsfähigkeit und war in der Durchführung seiner Vorhaben und Ideen sehr ausdauernd. Der große Raum seiner Möglichkeiten, den er nach und nach wie sein eigenes Haus entdeckt hatte, erweiterte sich von Tag zu Tag.

IMPATIENS

Meister Ungeduld

Ein Schreinermeister hatte drei Kinder, zwei Töchter und einen Sohn. Während die beiden Mädchen sehr ruhig und ausgeglichen waren, war der Junge schon immer ein Zappelphilipp, immer in Bewegung, wie von einem unermüdlichen Uhrwerk angetrieben. Was er tat, machte er sehr schnell, er dachte, redete, handelte, reagierte und entschied schneller als andere. Wenn eines der Mädchen ihn bei einer Beschäftigung störte, konnte es sein, daß er ihr blitzschnell eine Ohrfeige verpaßte und sie mit einem Schimpfwort belegte, aber der Zornesausbruch, der wie eine Stichflamme auflöderte, war schon vorbei, bevor die Schwester begriffen hatte, was geschehen war. Sie trottete dann meist verdutzt von dannen, während der Bruder weitermachte, als wäre nichts gewesen.

Da er eine sehr gute Auffassungsgabe hatte, kam er als Lehrling des Vaters gut voran und wurde ihm bald ein flinker und geschickter Helfer. Schwierig wurde es immer dann, wenn von Seiten des Meisters eine Korrektur oder ein kritischer Hinweis nötig wurde, denn obwohl der Vater dabei sehr behutsam und diplomatisch vorging, reagierte der Sohn meist mit heftigen Zornesausbrüchen, warf alles hin, rannte wütend hinaus und knallte donnernd die Werkstattüre hinter sich zu, daß das ganze Haus erbebte. Da der Vater wußte, daß in wenigen Augenblicken das Feuer erloschen sein würde, machte er kein Aufsehen, und alles ging weiter wie vorher.

Bald hatte der Sohn, obwohl er der Jüngste war, die beiden Schwestern im Wachstum überholt und war bereits mit sechzehn Jahren eine Handbreit größer als der Vater, obwohl auch dieser ein stattlicher Mann war. Bereits mit zwanzig Jahren wurde er selbst Schreinermeister, und der Vater konnte sich mehr und mehr aus der Werkstatt zurückziehen, was auch nötig war, da er dem Jungen bald nichts mehr recht machen konnte. Der konnte und wußte alles besser und nahm oft dem Vater das Werkstück aus der Hand, weil es ihn, wie er sagte, wahnsinnig mache, wie langsam das alles gehe.

Am liebsten arbeitete er ganz alleine, ohne Störung und unabhängig in seiner eigenen hohen Geschwindigkeit, empfand er doch jeden anderen nur als Bremsklotz. So war er auch sehr erfolgreich, bekam reichlich Aufträge und konnte seinen Betrieb vergrößern. Dazu war es aber nötig, einen Gesellen und einen Lehrling einzustellen, und es dauerte sehr lange bis er zwei junge Männer fand, mit denen er halbwegs einverstanden war. Viele schickte er nach wenigen Minuten wieder weg, weil man schon im

Gesicht, beim Reden oder an den Bewegungen sehen konnte, wie träge und langsam sie waren.

Mit dem Lehrling war es am schwierigsten, denn obwohl er nicht ungeschickt war und schnell lernte, lag es doch in der Natur der Sache, daß er vieles nicht konnte und die ersten Versuche unbeholfen sein mußten. Trotz aller Mühe gelang es dem Meister oft nicht, die nötige Geduld aufzubringen, stand er doch innerlich wie unter Starkstrom und fing an zu zittern und zu beben, sobald er nur hinsah, wie der Lehrling arbeitete. Dann geschah es oft, daß er hinstürzte und die Arbeit selbst fertig machte, während der Lehrling verdattert danebenstand.

So geschah es, daß der Lehrling sich mehr und mehr an den Gesellen hielt, und die beiden arbeiteten bald sehr gut und tüchtig zusammen, während der Meister allein arbeitete. Immer mehr entstand zwischen dem Lehrling und dem Gesellen eine kameradschaftliche und freundliche Stimmung, an der der Meister nicht teilhatte, da er sich zunehmend isolierte und auch oft unbeliebt machte durch seine Hetzerei und den ständigen Druck, unter dem er stand und den er weitergab. In dieser Weise vergingen die Jahre sehr schnell.

Erst im Alter, als die eignen Söhne bereits erwachsen waren, schien sich eine Wandlung zu vollziehen. Der ungeheure Druck, der den Meister sein Leben lang unermüdlich weitergetrieben und gehetzt hatte, ließ nach. Manchmal sah er richtig zufrieden aus, wenn er den Enkeln beim Spielen zusah oder ihnen die ersten Handgriffe der Holzbearbeitung zeigte. Auch gab er seine Isolation mehr und mehr auf, war gerne bei den anderen und genoß es, dazuzugehören.

Eine besondere Liebe entwickelte sich zwischen ihm und dem Enkelsohn, der jetzt ins Lehrlingsalter kam. Obwohl sich der alte Meister aus der täglichen Arbeit in der Werkstatt ganz zurückgezogen hatte, übernahm er jetzt die Ausbildung des Enkels. Oft wunderte er sich selbst über seine große Geduld, die er doch nie gekannt hatte. Er konnte dem Lehrling aufmerksam zusehen und seine Schnelligkeit im Denken, Sehen, Reagieren und Entscheiden benutzen, um dem Enkel alle Kniffe und Fertigkeiten des Handwerks zu vermitteln. Je weniger er aktiv tat, desto mehr konnte er geschehen lassen, zusehen, abwarten.

Oft vergaß er ganz, daß es die Zeit gab, denn nach seinem Empfinden gab es unendlich viel davon. Und jeder Augenblick war ein Geschenk.

LARCH

Die Lärche

Am Rande eines Nadelwaldes standen zwei Lärchen. Die eine davon, die links stand, litt sehr darunter, daß sie anders war als die anderen, die richtigen Nadelbäume. Denn sie fühlte sich nicht als richtiger Nadelbaum, verhielt sie sich doch in vielen Dingen eher wie ein Laubbaum. Ihre Nadeln waren weich und zart, während ihre Nachbarn, die Fichten, Tannen und Kiefern feste und stachelige Nadeln trugen. Jeden Herbst wollte sie am liebsten im Boden versinken, wenn sie merkte, daß sich ihre Nadeln schon wieder gelb zu verfärben begannen, um dann nach und nach abzufallen. Dann stand sie den ganzen Winter völlig nackt neben den grünen Nadelbäumen und fühlte sich wertlos und unterlegen. Es tröstete sie auch nicht, daß ihrer Artgenossin, der rechten Lärche, das gleiche Schicksal beschieden war, ja sie fühlte sich auch im Vergleich mit ihr unterlegen und minderwertig, da sie spürte, daß jene nicht darunter litt.

Dieses Gefühl war durchaus richtig, denn die rechte Lärche war sogar glücklich darüber, eine Lärche zu sein. Sie liebte ihren aufrechten und geraden Stamm, den nur wenige der anderen Nadelbäume

aufweisen konnten. Auch wußte sie um die Schönheit ihrer weichen Nadeln, die als strahlende Sterne spiralförmig an den Zweigen aufgereiht waren. Besonders glücklich war sie im Herbst, wenn ihr Nadelkleid leuchtende Gelb- und Orangetöne annahm, und trug dieses Kleid mit Stolz. Im Winter hatte sie oft Mitleid mit den anderen Nadelbäumen, die ihre Nadeln nicht loslassen konnten und so unter der Last des Schnees ächzten und stöhnten und manchmal sogar von dieser Last erdrückt wurden. Wie schön war es dann, sich auf das Wesentliche beschränken zu können und frei und leicht für die Zeit des Winters ausruhen zu dürfen, um im Frühling von einem neuen Kleid geschmückt zu werden. Bevor sie sich jedoch in ihr neues Kleid hüllte, genoß sie noch die Zeit der Blüte und freute sich über die herrlich roten und gelben, unscheinbaren kleinen Blüten, deren Schönheit sich nur denen enthüllt, die genau hinschauen.

Als sie wieder einmal im Frühling in voller Blüte stand und bemerkte, daß ihre Nachbarin sich sehr unwohl fühlte, beschloß sie, sie anzusprechen. Schon oft war ihr deren traurige Stimmung aufgefallen und die Tatsache, daß sie sich im Vergleich zu ihr selbst weniger entfaltete und auch im Wachstum zurückgeblieben war, obwohl sie das gleiche Alter hatten.

Sehr schüchtern begann die linke Lärche ihr Leid zu klagen und zu erzählen, wie sehr sie sich wünschte, ein richtiger Nadelbaum zu werden wie all die anderen hier im Wald, und wie armselig sie sich fühlte, in diesem Anliegen immer wieder zu versagen.

Die rechte Lärche war erstaunt, als sie ihre Nachbarin betrachtete und ihre ebenso schönen Blüten sah wie die eigenen, aber dann wurde ihr klar, daß jene sie nicht wahrnahm. Und sie sagte zu ihr: *„Aber schau dich doch an, meine Schwester, sieh doch, wie schön du bist! Du machst dich unglücklich, indem du immer nur auf das schaust, was du nicht bist, nicht hast und nicht kannst und überhaupt nicht bemerkst, wer du bist, was du hast und was du kannst."*

„Aber ich bin doch nichts, habe nichts und kann nichts", erwiderte ihre Schwester.

Das verwunderte die rechte Lärche sehr, fühlte sie sich doch so reich mit ihrer Schönheit und ihren Fähigkeiten beschenkt. Und sie begann ihrer Nachbarin davon zu erzählen, wieviel Freude und Glück ihr ihr eigenes Wesen bereitete.

Die linke Lärche hörte ebenso erstaunt zu und sagte: *„Du hast recht, ich kann deine Schönheit sehen und verstehe, daß dich das freut, aber ich...".* „*Schau dich doch an*", erwiderte die glückliche Lärche, „*du unterscheidest dich doch in nichts von mir, außer darin, daß du anders sein willst, als du bist*".

Mehr wurde nicht gesprochen, doch die linke Lärche dachte lange über das nach, was ihre Schwester ihr gesagt hatte. Und allmählich begann sie, ihren Blickwinkel zu ändern. Schon im nächsten Herbst, als ihre Nadeln wieder die Farbe wechselten, kämpfte sie nicht mehr dagegen, sondern bemerkte die Schönheit ihrer Farben, die zusammen mit denen ihrer Schwester am Waldrand leuchteten. Und sie fühlte sich gleichwertig mit der Nachbarin und mit all den anderen Nadelbäumen, die jetzt nicht leuchten durften, aber deren anderes Wesen jetzt einen prächtigen Hintergrund für ihre Farben bildete.

In den nächsten Jahren entwickelte sie immer mehr Vertrauen in sich selbst und lernte, die Freude ihrer Schwester zu teilen, eine Lärche zu sein.

MIMULUS

Mimolo und der Gaukler

Der jüngste Sohn einer wohlhabenden Bürgerfamilie war im Gegensatz zu seinen Brüdern, die in der ganzen Kleinstadt für ihren Mut und ihre Kraft bekannt waren, sehr zart, sensibel und ängstlich. Er trug den Namen Mimolo. Seine Altersgenossen waren ihm viel zu roh und zu wild, und so hielt er sich meist von ihnen fern, blieb im Haus oder spielte alleine im Schutz der hohen Gartenmauern. Die Welt jenseits dieser Mauern erschien ihm zu grell, zu laut, zu rauh, war für ihn voller Bedrohungen, Feinde und Gefahren.

In der Schule fürchtete sich Mimolo davor, vom Lehrer angesprochen zu werden, und wenn es geschah, wurde er rot im Gesicht, bekam feuchte Hände und fing an zu stottern, obwohl er eigentlich die richtige Antwort gewußt hätte. Auf dem Schulweg hatte er dann Angst vor den rauflustigen Mitschülern und schlich sich auf Umwegen nach Hause. Wenn jemand krank war, fürchtete er, sich anzustecken. Nachts hatte er Angst vor Einbrechern und Gespenstern, in engen Räumen fürchtete er, zu ersticken, und Aufzüge betrat er grundsätzlich nicht, denn sie könnten steckenbleiben oder abstürzen. So hatte er immer vor irgendetwas Angst.

Als Mimolo etwa 16 Jahre alt war, traf auf dem Marktplatz der kleinen Stadt ein Gaukler ein, umringt von einer Kinderschar, die ihn vom Stadttor her aufgeregt lärmend begleitet hatte. Er saß in bunten Kleidern auf dem Bock seines Planwagens und hielt die Zügel des alten Maultiers, dessen zahlreiche Glöckchen fröhlich bimmelten. Nebenher lief ein zottiger Hund, und ein kleiner Affe turnte abwechselnd auf dem Maultier und den Schultern seines Herrn herum. Als der Gaukler auf dem Marktplatz stehenblieb, hatte sich schon eine stattliche Menge Schaulustiger angesammelt. Mimolo beobachtete die Szene vom Fenster aus, und obwohl er Menschenansammlungen fürchtete, spürte er eine gewisse Faszination und Anziehung von diesem Gaukler ausgehen, die ihn selbst wunderte, ja sogar ein wenig ängstigte. Wie gebannt verfolgte er das lustige Schauspiel aus sicherer Entfernung.

Der Gaukler führte mit behender Geschicklichkeit Zauberkunststücke vor, hantierte mit Puppen, warf bunte Bälle in die Luft und sang Lieder, die er mit verschiedenen, teils ungewöhnlichen Instrumenten, mit Tanz und Musik begleitete. Dabei vollführte er Sprünge, bei denen Mimolo fürchtete, er könnte sich den Hals brechen.

Schon nach ein paar Stunden hatte der Gaukler viele Freunde in der Stadt, wurde in ein gutes Restaurant zum Essen eingeladen und mit Geld und Nahrungsmitteln beschenkt. Obwohl er zum ersten Mal in dieser Stadt war, hatte es den Anschein, als verbände ihn mit der halben Stadt eine langjährige Freundschaft. Jedesmal, wenn er auf dem Marktplatz auftrat, war sein Programm anders und sein Repertoire schien unerschöpflich. Oft sah es auch so aus, als erfände er aus dem Stegreif neue Darbietungen.

Nach ein paar Tagen spannte er ein Drahtseil vom Rathausturm zur Kirchturmspitze und lief so in 60 Metern Höhe über den Marktplatz. Mimolo sah von seinem Fenster aus zu und wäre dabei vor Angst fast gestorben. Als der Gaukler sein Ziel erreicht hatte, war Mimolo so erleichtert, als ob sein bester Freund durch ein Wunder vor dem sicheren Tod errettet worden wäre. Und tatsächlich, obwohl sich die beiden noch nie begegnet waren, war der Gaukler für ihn so etwas wie ein Freund.

Einige Stunden später, als sich die Menschenmenge verlaufen hatte, ging Mimolo hinunter auf den Marktplatz. Er fand den Wagen des Gauklers leer und beschloß, hier auf ihn zu warten. Kurz vor Mitternacht traf dieser dann zusammen mit einer Gruppe von Männern ein, die sich aber nach wenigen Minuten verabschiedeten. Mimolo sprach den Gaukler mit zaghafter Stimme an: *„Ich habe dich heute da oben über das Seil gehen sehen, hattest du denn keine*

Angst?" „Oh doch", entgegnete der Gaukler, *„bevor ich losging, hatte ich fürchterliche Angst, aber das ist immer so, das gehört dazu. Wenn ich die nicht hätte, wär' ich sicherlich schon längst mal runtergefallen, weil ich dann zu leichtsinnig wäre. Aber die Angst hilft mir, ganz aufmerksam und konzentriert zu sein, und wenn ich dann losgehe, ist die Angst ohnehin weg, die hab' ich immer nur vorher".*

Der Gaukler lud Mimolo ein, mit in seinen Planwagen zu kommen, und sie tranken zusammen Wein. Mimolo fiel auf, daß der Gaukler einen ganz zierlichen und feingliedrigen Körper hatte und gar nicht so stark und robust war, wie er ihn sich vorgestellt hatte. Auch sein Wesen war von feinfühliger, sensibler Art. Er erzählte Mimolo, er sei früher sehr ängstlich gewesen, bis er beschlossen habe, auszuziehen um das zu suchen, wovor er sich fürchtete. So habe sein Gauklerleben begonnen. Da er Menschenansammlungen immer gefürchtet und gemieden habe, sei er zuerst als Straßenmusikant durch die Stadt gezogen. Und so habe er seine Angst als Wegweiser benutzt und immer als nächstes getan, wovor er sich am meisten fürchtete.

Mimolo zog sich nach diesem Gespräch für mehrere Tage in sein Zimmer zurück, um über alles nachzudenken. Dann ging er wieder auf den Marktplatz, um den Gaukler zu treffen. Obwohl ihm dabei sein

Herz bis zum Halse klopfte, fragte er den Gaukler, ob er mit ihm ziehen dürfe. Und dieser war einverstanden.

Zwei Tage später verließen sie gemeinsam die Stadt. Mimolo hielt sich in der ersten Zeit meist im Inneren des Planwagens auf, bis er sich nach und nach traute, am geselligen Leben des Gauklers teilzunehmen. Täglich machte er die Erfahrung, daß die Welt in Wirklichkeit ganz anders war, als er sie sich vorgestellt hatte, nicht so bedrohlich und gefährlich und feindselig, und er verstand, daß der größte Teil seiner Ängste nur auf Vorstellungen beruhte. So wurde er allmählich freier und lebensfroher und bald lernte er auch die ersten Tricks und Lieder von seinem Freund, der ihm ein einfühlsamer Lehrer und Gefährte war.

Einige Jahre später stand Mimolo zum erstenmal auf einem Turm, um eine ziemlich breite Straße auf dem Seil zu überqueren. Sein Herz blieb fast stehen, als er den ersten Schritt aufs Seil setzte. Doch er ging und folgte genau den Anweisungen seines Lehrers: *"Nicht nach unten schauen und auf keinen Fall denken, daß etwas schiefgehen könnte. Schau nur aufs Ziel und setze einen Fuß vor den anderen!"* Mimolo kam unversehrt auf der anderen Seite an, und von diesem Tag an war er frei von seinen Ängsten.

Angst hatte er noch oft, aber er war nicht mehr ihr

Gefangener, sondern ging immer wieder durch die Enge der Angst hindurch und betrat Neuland, das sein Leben weiter, freier und reicher machte.

MUSTARD

Der Lichtblick

Eine junge Frau verkaufte jeden Morgen an einem kleinen Marktstand verschiedene Senfsorten, die sie nach alten Rezepten in ihrer Küche zu Hause herstellte und in Gläser abfüllte.

Von Zeit zu Zeit jedoch durchlitt sie unterschiedlich lange Phasen von tiefer Schwermut und Niedergeschlagenheit. Aus heiterem Himmel schien sich dann eine dunkle Wolke auf sie herabzusenken, die sie in schwarze Melancholie versinken ließ. Es war, als ob die Wolke alles Interesse, die Lebensfreude, das Licht und alle Farben verschlucken würde, so daß die Welt grau und hoffnungslos aussah. Dann lag die Senfmacherin bewegungslos in ihrem Bett oder saß auf einem Stuhl und war diesem Gemütszustand hilflos ausgeliefert, bis er ebenso plötzlich und ohne erkennbaren Grund, wie er gekommen war, wieder verschwand.

Es war im Mai, als sie wieder einmal schwermütig in ihrem Sessel vor dem Fenster saß und weder die strahlende Frühlingssonne noch die bunten Farben sehen konnte. Alles war düster und grau – halt, nein – in all dem Grau war ein gelber Fleck, die schwefelgelbe Fläche eines Ackersenffeldes, das in voller

Blüte stand. Die Senfmacherin war völlig verblüfft von dieser eigenartigen Wahrnehmung, denn bisher hatte die schwarze Wolke nie eine Farbe übriggelassen. Es war wie ein Lichtblick in der grauen Landschaft, ein Sonnenfleck in dunkler Nacht. Wie von einem Wunder wachgerüttelt stand die junge Frau auf und ging geradewegs auf den gelben Fleck in der Landschaft zu. Sie setzte sich mitten in die gelbe Blütenpracht, und die dunkle Wolke verschwand. Alle Farben kehrten zurück und mit ihnen auch die Lebensfreude.

Gleichzeitig wurde ihr aber der bisher verborgene Anlaß für ihre Schwermut bewußt. Sie hatte in den letzten Tagen den Wunsch verspürt, eine Familie zu gründen, hatte den Gedanken aber immer wieder weggeschoben. Jetzt spürte sie, daß sehr viel Angst mit diesem Thema verbunden war, Angst vor der Verantwortung und vor dem Leben überhaupt mit all seinen Risiken und seiner Unberechenbarkeit. Jetzt, da sie die Angst spürte, war sie ihr nicht ausgeliefert, konnte sich damit auseinandersetzen und dadurch wurde sie kleiner.

Als sich die dunkle Wolke nach längerer Pause das nächste Mal auf sie herabsenkte, ging sie sofort, wie von unsichtbarer Hand geführt, zu jenem Ackersenffeld und ließ sich darin nieder. Sofort verschwand die Wolke und sie erkannte wieder, was diesmal hinter der Schwermut verborgen war. Ihr Vater war gestorben, was sie allerdings nicht tief berührt hatte, weil sie ihm gegenüber wenig Nähe empfand. Jetzt wurde ihr klar, daß dieses Ereignis in ihr Angst vor dem Tod ausgelöst hatte, die ihr aber unbewußt geblieben war.

Ein anderes Mal, als der Ackersenf ihre Melancholie vertrieben hatte, fand sie unterdrückten Ärger als Ursache ihres Zustandes. Je mehr ihr die seelischen Hintergründe ihrer Melancholie bewußt wurden, desto seltener wurde sie von ihr heimgesucht.

Einige Jahre später gründete sie zusammen mit einem fröhlichen und lebensfrohen Mann eine Familie. Nach und nach entwickelte sich in ihr mit Hilfe ihres Ehemannes und des Ackersenfs eine unerschütterliche Gelassenheit, mit der sie auf alles zuging, was ihr begegnete. Oft war sie für andere so ein Lichtblick, wie früher für sie selbst das strahlende Gelb des Senfackers.

OAK

Ritter Eichbrecht

Ritter Eichbrecht war ein Ritter aus eigener Kraft. Er war nicht hineingeboren worden in den Ritterstand, entstammte vielmehr einer kleinen Bürgerfamilie ohne besonderen Wohlstand. Schon als Kind hatten ihn die edlen Ritter mit ihren glänzenden Rüstungen und kraftstrotzenden Pferden fasziniert, und er hatte es sich zum Ziel gemacht, eines Tages ihrem Stand anzugehören. Jeder, der ihn kannte, hatte schon von ihm den Ausspruch gehört: *„Das schaffe ich, und wenn es mich umbringt"*. Ja, sich selbst gegenüber war er schonungslos und verlangte sich stets das Äußerste ab, wenngleich er anderen oft sehr rücksichtsvoll und zuvorkommend begegnete. Für ihn war das Leben selbst und jedes Hindernis, das es mit sich brachte, eine Herausforderung, der er sich kämpfend stellte. Dabei war er bekannt für seine Rechtschaffenheit und Fairness, denn er wäre niemals mit einem Erfolg zufrieden gewesen, den er auf unlauterem Wege errungen hätte.

Sein starker Wille, sein eisernes Durchhaltevermögen und eine schier unerschöpfliche Vitalität ließen ihn sein großes Ziel sehr schnell erreichen. Im 30. Lebensjahr wurde er zum Ritter geschlagen. Zu die-

sem Zeitpunkt verfügte er bereits über große Ländereien, die von mehreren Dutzend Bediensteter bewirtschaftet wurden. Einige Jahre später, als mit dem Bau seiner eigenen Burg begonnen wurde, hatte er den Landbesitz noch beträchtlich erweitert, eine Mühle und ein Sägewerk eingerichtet und das Entstehen aller wichtigen Handwerksbetriebe in ausreichendem Umfang gefördert. Der Bau der Burg dauerte Jahre, und der Tag des feierlichen Einzugs war ein riesiges Fest, auf welchem kein einziger Bewohner des Territoriums fehlte.

Ritter Eichbrecht war sehr beliebt bei seinen Untergebenen, denn sie fühlten sich von ihm beschützt und gerecht behandelt. Er scheute auch nicht davor zurück, unter Einsatz seines eigenen Lebens zur Verteidigung seiner Schutzbefohlenen beizutragen, wenn Angriffe und Überfälle von außen stattfanden.

Je reicher und selbständiger jedoch sein kleines Reich wurde, desto häufiger wurde es angegriffen oder bedroht. Die Welt schien immer mehr zum Feind zu werden, und Ritter Eichbrecht kämpfte unermüdlich. Die große Genugtuung und Zufriedenheit, die er sich vom Erreichen seines Lebenszieles versprochen hatte, stellte sich nicht ein, auf den angespannten Kampf folgte kein glückliches Aufatmen, denn der Kampf ging weiter. Die Enttäuschung darüber verbarg Ritter Eichbrecht in seinem Herzen, und von außen war weiterhin nur seine unerschütterliche Kraft zu sehen.

Wenn er allein war, fühlte er sich erschöpft von den Kämpfen seines Lebens, fühlte sich niedergeschlagen, und seine glänzende Rüstung, die er immer mit großem Stolz getragen hatte, erschien ihm jetzt wie eine drückende Last. So fühlte er sich auch damals, als er auf einem langen und einsamen Ritt unter einer stattlichen Eiche Rast machte. Vor Müdigkeit und Erschöpfung schlief er bald ein, mit dem Rücken an den Eichbaum gelehnt.

Im Traum sah er Fässer eine kopfsteinbepflasterte Straße herabrollen, zuerst leere, die alle früher oder später krachend zerbrachen. Dann kamen volle Fässer, die, obwohl viel schwerer, heil unten ankamen.

Er träumte weiter, er stehe auf der Veranda eines Pfahlbaues am Ufer eines ausgetrockneten Sees, dessen Grund aufgesprungen und rissig war. Die mächtigen eichenen Säulen, auf denen das Haus gebaut war, fingen an zu knarren und zu ächzen, und schließlich brach das ganze Haus splitternd und krachend in sich zusammen, und er stürzte mit den Trümmern in die Tiefe.

Davon erwachte er, fiel aber gleich wieder in tiefen Schlaf und träumte, er gehe auf einer hölzernen Brücke über einen ausgetrockneten Fluß. Es war die Brücke unweit seiner Burg, die schon seit über hundert Jahren die beiden Ufer des Flusses verband. Als er in der Mitte angekommen war, stürzte sie zusammen.

Er erwachte und war sehr verwirrt und betroffen, fühlte er doch, daß all diese Zusammenbrüche etwas mit seiner gegenwärtigen Niedergeschlagenheit zu tun hatten. Der Wind, der inzwischen aufgekommen war, rauschte in der Abenddämmerung durch den Eichbaum, und Ritter Eichbrecht glaubte eine Stimme zu hören, als ob der Eichbaum zu ihm spräche:

„Wie ausgetrocknetes Eichenholz bist du, das eisenhart, doch spröde und zerbrechlich ist, hast deine Beweglichkeit verloren, bist steif geworden im steten Kampf, der deinen Blick eingeengt und deine Lebenskraft verzehrt hat. Wie ein Pferd mit Scheuklappen hast du unermüdlich dein Ziel verfolgt und versäumt, vom Wasser des Lebens zu trinken, das rechts und links des Weges zu finden war. Im Kampf mit der Welt, die dir immer mehr als Feind erschien, bist du dir selbst zum schlimmsten Feind geworden und hast vergessen, daß nicht nur das Wasser des Fasses bedarf, sondern das Faß auch das Wasser braucht, um nicht zu zerfallen und zu zerbrechen".

Ritter Eichbrecht blickte empor ins mächtige Geäst des Eichbaumes, der dem wildesten Sturm standhalten würde, da er lebendig und nicht trocken war.

Wie traumwandelnd erhob sich der Ritter, legte seine Rüstung dem Eichbaum zu Füßen und schritt erleichtert zum nahegelegenen Fluß, um zu baden. Das Wasser tat ihm sehr wohl, sein steifer Körper schien es wie ein trockener Schwamm aufzusaugen, und von Augenblick zu Augenblick spülte der Fluß all die Schwere hinweg, die er vorher gespürt hatte. Er fühlte sich erfrischt und lebendig, als er ans Ufer stieg, um sich im weichen Gras von der Sonne trocknen zu lassen.

Von diesem Tag an änderte sich das Leben des Ritters. Seine Rüstung legte er nur noch an, wenn es wirklich zu kämpfen galt, was nun immer seltener geschah. Es gab mehr Ruhe und Müßiggang, mehr Freude an kleinen und großen Dingen. Er interessierte sich nun auch für den Tanz, den er bisher gemieden hatte, und fand Spaß an den spielerischen, weichen Bewegungen in Harmonie mit einer Frau. Wenig später heiratete er eine sehr sanfte, anschmiegsame Frau und verbrachte viele glückliche Jahre mit ihr. Sie führte ihn liebevoll in eine ihm bisher fremde Welt jenseits von Kampf, Rivalität und materiellem Überleben, jene fließende Welt des Herzens mit ihrer tanzend überschäumenden Lebensfreude.

Aus dieser Quelle schöpfte er immer wieder die Kraft, für die er früher so bekannt gewesen war. Sie hatte jetzt ihre Verbissenheit verloren, und das Leben des Ritters Eichbrecht glich nun mehr einem kraftvollen Tanz als einem soldatischen Marsch wie in früheren Jahren.

OLIVE

Ein Olivenbaum erzählt

Seit ich gepflanzt wurde vor mehr als tausend Jahren, habe ich viel gesehen und erlebt. Damals wurde ich zusammen mit elf anderen Olivenbäumchen von der königlichen Baumschule hierhergebracht als Geburtsgeschenk für den erstgeborenen Sohn des Gutsherrn. Als ich dann die ersten Früchte trug, war jener bereits selbst Gutsherr und hatte drei fast erwachsene Kinder, bei deren Geburt je zwölf Olivenbäumchen den Hain vergrößerten, wie es in dieser Familie Brauch war.

Ich war immer sehr zufrieden, hier an diesem Platz zu stehen, wo die Sonnenstrahlen mich von allen Seiten erreichen können, denn die Sonne ist die größte Quelle meiner Kraft. Wenn auch so vieles sich um mich herum verändert hat über die lange Zeit, die Sonne ist mir stets geblieben und der trockene, sandige Boden, in den ich tief verwurzelt bin.

Menschen wurden geboren und starben, Häuser wurden gebaut und verfielen, doch ob in Kriegs- oder in Friedenszeiten habe ich Jahr für Jahr geblüht und Früchte getragen, die von den Menschen immer sehr geschätzt wurden. Erschöpfte, verwundete Krieger ruhten in meinem Schatten aus und schöpften neue

Kraft, Wanderer streckten ihre müden Glieder aus und machten Rast, um gestärkt ihre Wege fortzusetzen. Im Sommer, während der brennend heißen Mittagszeit sammelten sich ganze Gruppen von Feldarbeitern und Mägden hier im Olivenhain, um auszuruhen und neue Kraft zu sammeln.

Ein paar Menschengenerationen lang stand unter mir sogar eine hölzerne Bank, auf der sich fast allabendlich ein paar alte oder von Arbeit, Kummer oder Krankheit geschwächte Menschen einfanden, um in der untergehenden Sonne neue Lebenskraft einzuatmen. Oft sprachen sie kaum ein Wort, denn sie wollten den fast feierlichen Frieden dieses Ortes und der Stunde nicht zerstören, der so wohltuend war nach des Tages Lärm und Unrast.

Erst kürzlich, vor zwei oder drei Menschenleben, lagerte ein alter Pilger einige Wochen in meinem Schatten und erzählte mir sein ganzes Leben. Er hatte schon immer vorgehabt, eines Tages den heiligen Ort in der Ferne aufzusuchen, aber in seiner ersten Lebenshälfte hatten ihn seine weltlichen Aufgaben, seine Arbeit und seine Familie ganz in Anspruch genommen. Er hatte als Bürgermeister seiner Stadt eine große Verantwortung übernommen und machte sich sehr verdient um das Wohl der Bürger.

Als dann seine Kinder erwachsen waren, legte er kurz nach dem Tode seiner Frau sein Amt nieder und

machte sich auf die Pilgerreise, die er sich in seinem Leben noch schuldig geblieben war. Aber auch auf diesem Weg warteten viele Aufgaben auf ihn, denen er sich nicht entziehen wollte, und so half er, wo er konnte. Immer mehr Menschen schlossen sich ihm an und übertrugen ihm die Verantwortung für ihre Führung zum heiligen Ort.

Nicht weit von hier mußten sie ein Gebirge überqueren und gerieten in ein Unwetter. Dabei verlor sich die Gruppe, und ihr Führer erreichte am nächsten Morgen meinen Olivenhain. Er war so erschöpft und verzweifelt, daß er unfähig war, noch einen Schritt weiterzugehen. Kraftlos sank er an meinem Stamm auf die Erde und gab 2 Tage und 2 Nächte kein Lebenszeichen mehr von sich. Als er am dritten Tag in der ersten Morgensonne erwachte, fühlte er sich gestärkt an Leib und Seele. Ein Teil seiner Gruppe hatte sich inzwischen ebenfalls hier eingefunden, und sie zogen bald aus, um die verlorenen Freunde zu suchen. Nach einer Woche war die ganze Pilgerschar vollständig in meinem Olivenhain versammelt und lagerte hier, bis alle wieder gesund und bei Kräften waren.

Zwei Jahre später kam der Pilger dann auf seinem Rückweg wieder hier vorbei und erzählte mir, daß sie alle wohlbehalten ihr Ziel erreicht hätten. Der tiefe Frieden und die ruhige Kraft innerer Zufriedenheit und Verbundenheit mit Gott, die er dort finden konnte, habe ihn erinnert an die Zeit hier im Olivenhain, der für ihn zum Symbol einer unerschöpflichen Kraft geworden sei, die Erholung und Ruhe spendet.

PINE

Die Erlösung

Unweit des großen Kiefernwaldes lebte in einem kleinen Dorf eine Holzfällerfamilie mit drei Kindern. Die Holzfällersfrau versuchte mit großer Gewissenhaftigkeit, ihrem Mann eine gute Ehefrau und ihren Kindern eine gute Mutter zu sein. Obwohl ihr Mann und Kinder bestätigt hätten, daß ihr dies wohl gelang, war sie doch niemals mit sich selbst zufrieden. Tief in ihrem Inneren gab es eine Stimme, die ihr immerfort sagte: *"Du bist ein schlechter Mensch, eine elende Sünderin, bist schuldig und nicht wert, ein glückliches Leben zu führen"*.

So gönnte sie sich weder Ruhe noch Freude, und niemals sah sie einer lachen. Ihr Blick war ernst und verschlossen, und sie schaute scheu zur Seite, wenn jemand sie anlächelte, denn sie glaubte, das Lächeln nicht verdient zu haben. Zwar hatte sie sich in ihrem Leben nichts Nennenswertes zu Schulden kommen lassen, was ihr Schuldgefühl erklären konnte; dennoch warf sie sich alles mögliche vor, was sie versäumt hatte oder hätte besser machen können, kleine Fehler, die erst im nachhinein erkannt werden, wie sie im Leben eines jeden Menschen zu finden sind. Auch wenn sie längst daraus gelernt hatte, konnte

sie sich selbst nicht verzeihen, obwohl sie anderen gegenüber sehr nachsichtig und überhaupt nicht nachtragend war.

Wann immer etwas schiefging, suchte sie zuerst die Schuld bei sich, auch wenn sie gar nicht dafür verantwortlich war. Wenn der Vater z. B. eines der Kinder tadelte, weil es einen Krug hinuntergeworfen hatte, stellte sie sich schützend vor das Kind und nahm die Schuld auf sich: *„Ich hätte den Krug nicht dort stehenlassen dürfen, es war meine Schuld."*

Im Winter brachte sie jeden Mittag um die gleiche Stunde ihrem Mann ein warmes Essen in den Wald. Eines Januartages, an dem besonders viel Schnee lag, brauchte sie etwas länger als sonst für den Weg dorthin. Als sie ankam, fand sie ihren Mann, der an diesem Tag allein gearbeitet hatte, eingequetscht unter einem Baumstamm liegen. Es gelang ihr unter Aufbietung aller Kräfte, seinen Körper zu befreien, doch es war zu spät, ihr Mann war schon tot. Sie warf sich vor, nicht zur rechten Zeit eingetroffen zu sein und so durch ihr Versäumnis den Tod des Mannes verschuldet zu haben. Keine Beichte und keine Absolution konnten sie befreien von der Bürde ihrer Schuldgefühle, die schwer auf ihren Schultern lastete.

Als sie an einem Frühlingstag in den Wald ging, um die ihr zugeteilte Ration Kienholz nach Hause zu tragen, kam sie an der Hütte des Eremiten vom Föhrenwald vorbei. Der alte Mann, der auf einer Bank vor der Hütte in der Sonne saß, rief sie zu sich und fragte: *„Was bedrückt dich so sehr gute Frau, daß du dich in deinen schwarzen Kleidern wie unter einer Zentnerlast dahinschleppst, das bißchen Kienholz kann's doch wohl nicht sein!" „Verschwende deine Zeit nicht mit mir, alter Mann, ich hab' es nicht verdient, beachtet oder gar bedauert zu werden."* Der Eremit ließ jedoch nicht locker, bis sie sich neben ihn auf die Bank setzte und ihm ihre Geschichte erzählte.

Nach einer schweigenden Pause, in der der alte Mann die Holzfällersfrau voll freundlicher Wärme anblickte, sprach er: *„Ja, du bist in der Tat schuldig, aber auf ganz andere Weise als du glaubst. Zeit deines Lebens bist du dir selbst die Anerkennung schuldig geblieben für alles, was du gut gemacht hast, hast dich verachtet und bestraft. Die Lebensfreude bist du dir schuldig geblieben, das ist deine Schuld.*

Es ist lobenswert, daß du die Schuld nicht bei anderen suchst, wenn du einen Fehler gemacht hast. Aber deshalb brauchst du nicht die Verantwortung für etwas zu übernehmen, was du nicht verursacht hast, denn jeder muß seine Verantwortung selbst tragen. Wem du die seine abnimmst, dem raubst du eine Möglichkeit, zu lernen, auch wenn du es noch so gut mit ihm meinst.

Steht nicht geschrieben: ‚Liebe deinen Nächsten, wie dich selbst!' Den zweiten Teil dieses Gebots mußt du dir zu Herzen nehmen, denn, wer kein gutes Haar an sich läßt, der kann sich nicht lieben.

Dich selbst lieben heißt, immer mehr von den Samen wachsen lassen, die im Inneren deines Wesens als Möglichkeit schlummern. Doch kann ein Same aufgehen und sich entfalten, wenn du mit dem Knüppel neben ihm stehst und bei der geringsten Bewegung auf ihn einschlägst? All die unentdeckten Samen sind deine Schuld, denn du bist dir selbst ihre Entfaltung noch schuldig, weil sie dir noch fehlen, um ganz und heil zu sein. Doch solange du dir selbst gegenüber eine unfreundliche, verurteilende und bestrafende Haltung einnimmst, wirst du deine Schuld nicht erlösen können. Schau nicht zurück auf das, was du dir nachträgst, richt' lieber deinen Blick nach vorn, denn vor dir liegt der Acker, auf dem die Samen deines Wesens keimen können."

Wieder schenkte der Eremit der Holzfällersfrau einen wohlwollenden und warmherzigen Blick, den sie schon besser annehmen konnte als den ersten. Nach einer stummen, aber innigen Umarmung lud sich die Frau ihr Bündel Kienholz wieder auf und trat den Heimweg an. Das Bündel kam ihr so leicht vor, denn der Eremit hatte ihr die zentnerschwere Last von den Schultern genommen, die sie sich selbst aufgebürdet hatte, die Last ihrer Schuldgefühle.

Als sie zu Hause vor dem Kaminfeuer saß und

einem Kienscheit zusah, wie es leuchtend und lodernd brannte, dachte sie bei sich: *„Verzehrt habe ich mich oft, aber ich habe mir nicht erlaubt, dabei zu leuchten wie diese duftende Fackel."*

Ihr Leben wurde fortan leichter und unbeschwerter, obwohl sie nach wie vor hart arbeitete und ihre Pflichten gewissenhaft erfüllte. Aber sie gönnte sich mehr und mehr Lebensfreude und bemerkte, daß sie ihr half, alles noch viel besser zu machen. Auch entdeckte sie an sich immer neue Seiten und Fähigkeiten und begann zu verstehen, was der Eremit mit den Samen gemeint hatte. Sie hätte nie für möglich gehalten, wie viele solcher Schätze in ihrem Wesen verborgen waren, und fühlte sich reicher und zufriedener mit jeder neuen Erfahrung.

Wann immer sie bemerkte, einen Fehler gemacht zu haben, verdammte sie sich nicht dafür, hatte sie doch von dem alten Mann im Föhrenwald gelernt, daß Schuld nicht nach Strafe verlangt, sondern nach Erlösung.

RED CHESTNUT

Das Vogelnest im roten Kastanienbaum

Es war sehr eng in dem kleinen Vogelnest, das hoch oben über der Erde in den Zweigen eines rotblühenden Kastanienbaumes versteckt war. Und so geschah es, daß eines der sieben Vogelkinder, die darin Platz finden sollten, eines Morgens unbemerkt herausfiel. In den letzten Augenblicken, als es noch verzweifelt versuchte, sich gegen den Druck der Geschwister am Nestrand zu halten, war unser Vogelkind starr vor Angst. Dann stürzte es in eine ihm unendlich scheinende Tiefe und war bei der recht weichen Landung in einem Laubhaufen bereits vor Schreck bewußtlos. Als es viel später erwachte, lag es in einer warmen, weichen Laubkuhle wie in einem Nest und erinnerte sich an nichts mehr. Der Hunger lehrte es, Futter zu suchen, und so wuchs es im Schutz und in der Wärme des Laubhaufens heran, bis es flügge wurde.

Bei den ersten Flugübungen fand es wieder Anschluß an gleichaltrige Vögel und war im Vergleich zu ihnen waghalsiger, mutiger und oft sogar tollkühn, obwohl es inzwischen ein junges Mädchen geworden war. Es schien um sich selbst keine Angst zu haben. Wenn den anderen jedoch nur die geringste Gefahr drohte, kam es aufgeregt herbei, warnte und sorgte sich, auch wenn es keinen Grund dafür gab. Die anderen fühlten sich davon belästigt und behindert, kamen sie doch allein recht gut zurecht. Auch wollten sie nicht schon wieder bemuttert werden, kaum daß sie das Nest verlassen hatten, um frei und unabhängig zu sein.

Schon einige Wochen später verliebte sich unser Vögelchen in einen jungen Mann, dem der Mut des Mädchens beim Fliegen sehr imponierte. Sie beschlossen, zusammen ein Nest zu bauen, in das sie dann fünf wunderschöne Eier legte. Während sie brütend auf den Eiern saß, wunderte sich ihr Mann oft, wo denn ihr Mut geblieben sei, denn sie sorgte und ängstigte sich dauernd um ihn und wollte ihn am liebsten immer im Blickfeld haben. Von überall her sollte er ihr bestimmte Erkennungslaute zurufen, um ihr zu sagen, daß alles in Ordnung war. Dem Vogelmann ging das zwar ziemlich auf die Nerven, aber er spielte mit, denn er dachte: *„So sind sie halt, die Frauen, wenn sie brüten, es dauert ja nicht mehr lange".*

Doch als es dann endlich soweit war und die fünf kleinen Vögelchen ausgeschlüpft waren, wurde es noch viel schlimmer. Viel mehr noch als um ihren Mann sorgte sie sich jetzt um die Kleinen, achtete auf jede Bewegung, und die kleinste Gefahr erschien ihr riesengroß. Keine Sekunde ließ sie die Kinder allein und befürchtete bei jedem Lufthauch, sie könnten sich erkälten. Wenn wirklich einmal eines von ihnen erkältet war, befürchtete sie das Schlimmste und behandelte es wie einen Schwerkranken.

Je größer die jungen Vögel wurden und damit auch ihr Bewegungs- und Freiheitsdrang, desto mehr litten sie unter der übertriebenen Fürsorge der Mutter und fühlten sich eingeengt. Die Zeit, bis sie endlich frei fliegen durften, wie es eines Vogels größte Sehnsucht ist, kam ihnen unendlich lang vor, zumal die Mutter nichts unversucht ließ, diesen Zeitpunkt hinauszuschieben. Während die Kinder fliegen lernten, durchlitt die Mutter fürchterliche Qualen, malte sie sich doch sämtliche Gefahren in den düstersten Farben aus.

Endlich hatten es die jungen Vögel geschafft, sie waren frei. Doch für die Mutter waren die Ängste und Sorgen damit nicht zu Ende, im Gegenteil, jetzt, wo sie weg waren, konnte jedem von ihnen in jedem Augenblick etwas Fürchterliches zustoßen, und sie konnte ihnen nicht helfen, konnte sie nicht beschützen, ja sie würde nicht einmal etwas von ihrem Schicksal erfahren, wer weiß, vielleicht lebten sie schon gar nicht mehr. Bei all diesen Sorgen und Ängsten um ihre Lieben vergaß sie, sich um sich selbst zu kümmern, ja ihr eigenes Leben und Schicksal schienen ihr ganz gleichgültig zu sein.

Einige Monate später schlüpften die nächsten Kin-

der aus ihren Eierschalen und es war alles wie beim erstenmal, bis es dann geschah: Eines der Kinder fiel vor ihren Augen aus dem Nest und es gab keine Möglichkeit, es zu halten. Die wenigen Augenblicke dieses Vorfalles erschienen ihr wie eine Ewigkeit, so viel durchlebte sie in ihrem Inneren. Plötzlich war da nicht mehr die Angst um das Kleine, sondern sie spürte die eigene Angst, die Angst um sich selbst, als sie damals aus dem Nest gefallen war, und das ganze Erlebnis war wieder lebendig und lief vor ihrem inneren Auge ab wie ein Film. Gleichzeitig sah sie das eigene Kind fallen und in einem Laubhaufen landen, der es unbeschadet auffing.

Die Mutter war von diesem Ereignis an völlig verändert. Sie hatte verstanden, daß hinter ihrer Angst um die Ihren ihre eigene Angst stand, die sie vergessen hatte. Und mit der Erinnerung an ihre eigene Angst hatte sie auch das Vertrauen wiedergefunden, das Vertrauen, getragen zu sein und aufgefangen zu werden. Als sie selbst vom Laubhaufen aufgefangen wurde, war sie schon bewußtlos, aber als sie ihr Kind dort landen sah, spürte sie unendliche Dankbarkeit und Vertrauen in eine Kraft, die viel, viel größer ist, als die des größten Vogels. Und aus dem großen Nest dieser *einen* Kraft kann man niemals herausfallen, man kann sie nur vergessen, und dann scheint es so, als sei man aus dem Nest gefallen.

ROCK ROSE

Mäuschen Furchtlos und Mäuschen Starrvorschreck

In den zerklüfteten Felswänden eines Wüstengebirges wohnte eine Familie von Springmäusen. Obwohl sie im Vergleich zu anderen Mäusen sehr klein sind, zeichnen sie sich durch eine große Zähigkeit und Ausdauer und vor allem durch ihre flinken, blitzschnellen Bewegungen aus. Sie kommen mit wenig Nahrung und oft tagelang ohne Wasser aus, und es scheint manchmal, als könnten sie Sonnenenergie aufnehmen und in Bewegung umwandeln.

An einem sonnigen Sommermorgen kamen jene beiden Mäuse zur Welt, von denen unsere Geschichte erzählt. Obwohl sie Geschwister waren, waren sie von Anfang an verschieden. Die eine, die die Morgensonne als erste sah, blinzelte neugierig ins Licht und schien das Leben kaum erwarten zu können. Die zweite wurde im ersten Augenblick für tot gehalten, so starr und verkrampft wurde sie herausgepreßt, mit erstarrten, weit aufgerissenen Augen und einem Mund, der aussah, als sei ein Schrei von panischer Angst in ihm steckengeblieben. Unter der tröstenden Fürsorge der liebevollen Eltern löste sich die Starre allmählich, und das Neugeborene fühlte sich immer wohler, blieb jedoch schreckhaft und ängstlich. Es bekam den Namen Starrvorschreck.

Das erstgeborene Mäuslein war inzwischen längst dabei, die nähere Umgebung mit wachen Augen zu erkunden, bewegte sich dabei sehr flink und begegnete all dem Unbekannten unerschrocken, ohne jedoch in leichtsinniger Waghalsigkeit zu übertreiben. Seine Eltern gaben ihm den Namen Furchtlos. Dank seiner schnellen Reaktionsfähigkeit konnte es auch unvorhergesehenen Gefahren immer wohlbehalten entgehen. Es war ihm nie langweilig, da es immer zu neuen Abenteuern und Entdeckungen bereit war, die in den Wüstenbergen in unendlicher Zahl warteten. So hatte Mäuschen Furchtlos sehr viel Freude an seinem spannenden Leben, das ihm in jedem Augenblick neue Reaktionen abverlangte. Am meisten Spaß hatte es an Erfahrungen, die es zum erstenmal machte. Es wurde immer flinker, gewandter und mutiger, gaben ihm doch seine reichhaltigen Erfahrungen das Vertrauen, jeder Situation auf angemessene Weise begegnen zu können.

Mäuschen Starrvorschreck dagegen entwickelte sich langsamer, war viel vorsichtiger, zurückhaltender und ängstlicher und hielt sich am liebsten in oder vor der Schlafhöhle auf, wo ihm alles bekannt und vertraut war. Alle plötzlichen und unerwarteten Ereignisse erschreckten es sehr, oft bis zu panischer Erstarrung.

Als die beiden Geschwister einmal gemeinsam unterwegs waren, um aus einem entfernt gelegenen, fast ausgetrockneten Bachbett Samen als Nahrung zu finden, wurden sie auf dem Heimweg von einer Schlange überrascht, die wie aus dem Nichts plötzlich unmittelbar vor ihnen emporzischte und ihren Kopf unbewegt zwei Fuß über ihnen hielt, bereit, in jedem Augenblick wie ein Pfeil auf eine von ihnen herunterzuschießen und mit ihrem tödlichen Gift dem Leben ein plötzliches Ende zu setzen.

Sofort war Mäuschen Starrvorschreck zur Salzsäule erstarrt, stand mit erhobenen Vorderpfoten da, Mund und Augen weit aufgerissen und völlig reaktionsunfähig. Mäuschen Furchtlos dagegen spürte, wie sein Körper plötzlich wie unter Starkstrom stand, der ihm zusätzliche Energie für diese außergewöhnliche Situation zur Verfügung stellte. Es war, als ob es noch schneller denken und reagieren könnte als sonst und auch mehr Kraft für die erforderlichen Aktionen hätte. Blitzschnell fing es an, wie im Tanz sich im Kreis zu drehen, in immer schnelleren größeren Kreisen, die selbst für eine Springmaus von übernatürlicher Geschwindigkeit waren.

Die Schlange war erst völlig verblüfft, fast erschrocken und wich ein wenig mit dem Kopf zurück. Dann konnte sie nicht anders, als diesen ungewöhnlichen Bewegungen wie gebannt zuzusehen. Je länger sie hinsah, umso mehr verlor sie ihre aufrechte Haltung, fing an zu torkeln, und ein immer stärker werdener Schwindel vernebelte ihren Geist. Schließlich fielen ihr die Augen zu und sie versank in einen betäubungsähnlichen Schlaf.

Blitzschnell hörte Mäuschen Furchtlos auf, sich zu drehen, und kümmerte sich um seine Schwester, die immer noch erstarrt dastand. Durch tröstenden Zuspruch gelang es ihm jedoch bald, sie wieder in Bewegung zu bringen, und beide liefen nach Hause, so schnell sie konnten. Unser kleiner Held wurde im Kreise der Familie gefeiert und fühlte sich durch diese bisher gefährlichste Erfahrung darin bestärkt, daß es wirklich keine Situation geben konnte, für die er nicht auch eine Lösung finden würde.

ROCK WATER

Der Fakir

Hoch in den Bergen, wo es ganz still und einsam war, hatte ein Fakir sein karges Lager neben einer Quelle, die aus den kantigen und schroffen Felsen hervorsprudelte. Hier war er weit entfernt von den Versuchungen und Verlockungen der Welt dort unten und konnte ungestört an seiner Vervollkommnung arbeiten, um das Ziel der Erleuchtung, das er sich in jungen Jahren schon gesetzt hatte, auf direktem Wege zu erreichen. Mit äußerster Selbstdisziplin versagte er sich all seine Bedürfnisse, trank nur Wasser aus der Quelle und aß nur einmal am Tag ein wenig Reis. So wollte er die Wünsche des Fleisches zum Schweigen bringen, wollte seinen Körper mit der Kraft des Geistes bezwingen. Neben seiner strengen Askese, zu der auch das Ertragen von Wetter und Kälte gehörte, übte er bestimmte Körperstellungen ein, die für jeden anderen Menschen unmöglich gewesen wären. Auch das Ertragen von Schmerzen gehörte zu seinem täglichen Programm, wozu er ein Nagelbrett benutzte.

Einmal im Monat pflegte er ins Tal hinabzusteigen, um neuen Reis zu besorgen. Da es keinen Weg gab, folgte er dem Lauf seines Baches. Es war im späten Frühling, als er diesen Weg wieder einmal antrat.

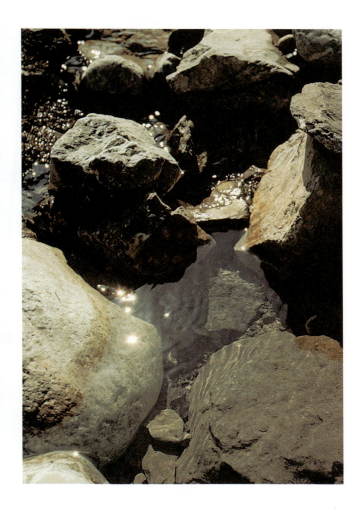

Die Morgensonne ließ das Wasser der hervorsprudelnden Quelle glitzern und funkeln und machte den Kontrast zwischen der lebendigen Beweglichkeit des Wassers und dem starren Grau der Felsen besonders deutlich. Schon beim Aufbruch ahnte der Fakir, daß heute ein besonderer Tag war, der ihm etwas zeigen wollte, was er sonst nicht sah, und er spürte, daß der Bach dabei eine wichtige Rolle spielen sollte. Und so betrachtete er ihn sehr aufmerksam, während er neben ihm herging.

Zunächst glich der Charakter des Baches dem der Quelle, der Fels schien das Wasser als Feind zu empfinden, gegen dessen stete Bemühungen er sich trotzig verteidigte. Er wollte sich nicht bewegen, nicht verändern lassen und beharrte steif und starr auf seinem Standpunkt. Das Wasser dagegen kämpfte gar nicht gegen den Felsen, es berührte ihn tanzend und springend und machte dabei eine fröhlich glucksende Musik, als ob es ihn zum Lachen bringen wollte. Doch der Fels widerstand all den Verlockungen des Baches und blieb hart.

Schon bald jedoch zeigten sich die ersten Veränderungen im Bachbett, die ersten Spuren der steten Liebkosungen des Wassers. Der Fels verlor immer mehr seine Zacken und Kanten, bekam Rundungen und weichere Formen. Der Bach hatte den harten Widerstand des Gesteins mit seiner weichen Kraft aufgelöst. Das Bild war nun viel weniger feindselig und kämpferisch, wenngleich die Umgebung noch sehr karg und grau war.

Weiter talwärts kam immer mehr Farbe dazu, Pflanzen, die in Felsennischen und Spalten wuchsen und blühten, säumten das Bachbett, das inzwischen auch seine Enge verloren hatte. Der Bach konnte sich nun freier bewegen, wurde nicht mehr eingezwängt und gepreßt. Zum Glucksen, Gurgeln und Spritzen des Wassers gesellten sich auch die Klänge vieler runder Kieselsteine, die rollend, polternd und schlagend die Musik ergänzten. Der Fels war in Bewegung gekommen und tanzte mit dem Wasser. Bald tauchten die ersten Bäume und Büsche auf und der Pflanzenwuchs wurde immer vielfältiger und dichter. Der Bach hatte nun ein Bett aus Kieselsteinen verschiedener Größe und Farbe und seine Ufer waren von Pflanzen bedeckt, so daß nur selten noch ein Stein zu sehen war.

Auf einem dieser Steine setzte sich unser Fakir unweit des Dorfes, in dem er immer seinen Reis kaufte. Er war innerlich aufgewühlt, berührt und verwirrt von allem, was er erlebt hatte, denn er hatte all die Veränderungen des Baches so intensiv und hautnah miterlebt, als ob er selbst der Bach gewesen wäre. Er war überwältigt von der Vielfalt und Schönheit all dessen, wovon er sich dort oben in seinen kargen

Felsen fernhielt, und empfand nun seine eigene Starrheit und Strenge als noch unlebendiger als die der Felsen, die sich doch immerhin nach erstem Wehren vom Wasser in Bewegung bringen lassen, um dann mit dem Fluß der Lebendigkeit zu tanzen. Und tief in seinem Herzen empfand er eine Lebensfreude, wie er sie nie gekannt hatte. Da er spürte, daß diese Erlebnisse sein Leben verändern würden, beschloß der Fakir, den Verlauf des Baches jenseits der Ortschaft weiter zu verfolgen, um den ihm gänzlich unbekannten Teil seines Weges kennenzulernen.

Das Tal, das zunächst zu beiden Seiten von steilen Berghängen begrenzt war, öffnete sich zu einer weiten Ebene hin, und zu unserem Bach gesellten sich von überall her andere Bäche und Rinnsale, so daß ein wasserreicher Fluß entstand. Sein Wasser war so klar, daß man bis auf den Grund sehen konnte, der aus Sand und Kieselsteinen bestand. Die Ebene war sehr fruchtbar, überall blühten die Obstbäume, und die Felder waren reich bestellt.

Dahinter führte der Fluß durch busch- und baumbewachsenes Brachland, dessen Boden nun immer sandiger wurde. In den Flußbiegungen tauchten Sandbänke auf, an denen Frauen ihre Wäsche wuschen und die bunten Tücher zum Trocknen auslegten. Es waren keine Steine mehr zu sehen, und was früher einmal harte Felsen gewesen waren, war jetzt feiner, glitzernder Sand. Die Sonne schien hier sehr heiß, und dem Fakir tat die Wärme wohl in seinen von der Bergeskälte steifen Gliedern. Bald erreichte er die Stelle, wo der Fluß ins Meer mündete und setzte sich dort in den von der Sonne warmen Sand, der weich und doch fest und tragfähig war.

Während er bis zum Sonnenuntergang dem Fluß dabei zuschaute, wie er an seinem Ziel ankam, wurde ihm klar, daß er selbst sein Ziel niemals erreichen würde, wenn er so weiterlebte wie bisher. Wie hart hatte er gegen den Fluß seiner eigenen Lebendigkeit angekämpft, um ans Ziel zu kommen, das ja tatsächlich darin besteht, daß der Fluß aufhört, Fluß zu sein und eins wird mit dem großen Ozean. Doch der Fluß geht den ganzen Weg von der Quelle bis zum Meer, fließt durch alles hindurch und wandelt sich ständig, ist überall gleichzeitig und fließt doch immer weiter.

Und so, wie das Wasser das Transportmittel ist, das den Fels von dort oben zum Meer befördert und ihn unterwegs immer runder, weicher und beweglicher macht, bis er schließlich zu Sand geworden ist, so wollte auch er sich jetzt dem Fluß des Lebens anvertrauen und den ganzen Weg gehen, anstatt durch Selbstverleugnung und Unterdrückung seines Wesens erzwingen zu wollen, daß er schon an der Quelle ans Ziel kommt, was unmöglich ist. Denn auch der Fluß kann sich selbst dem Meer erst hingeben, nachdem er sich erlaubt hat, sich ganz zu entfalten zu gewaltiger Fülle.

Bei Sonnenuntergang stand der Fakir auf, um im Meer zu schwimmen. Und während die Sonne im Meer versank, genoß er die sanfte Berührung seines Körpers durch das Wasser und atmete die lebendige Fülle der in den Wellen tanzenden Lichter ein. All seine übertriebene Strenge und Feindseligkeit sich selbst gegenüber schien sich im Wasser aufzulösen, und als er wieder ans Ufer stieg, wußte er, daß er am Anfang eines neuen Lebens stand.

Zunächst gab es viel für ihn nachzuholen, und er genoß einige Jahre all die Freuden des Lebens, die er sich vorher versagt hatte. Doch dann gelang es ihm mehr und mehr, ein Gleichgewicht herzustellen zwischen der Lebenslust, die alle Grenzen überspülen will, und der Disziplin, die dem Lebensfluß eine Richtung gibt. Und beide Teile wußten, daß sie einander brauchten, wie der Fluß das Ufer und der Fels das Wasser braucht.

SCLERANTHUS

Der Wanderer im Land der Gegensätze

Ein junger Mann brach von zu Hause auf, um sein ganzes Land kennenzulernen. Er wirkte sehr nervös und unruhig, seine Bewegungen waren fahrig und unkonzentriert. So hatte sein Weg mehr einen Zickzackkurs als einen geradlinigen Verlauf. Ferner führte seine bisherige Reise durch extrem unterschiedliche Landschaften, die von kargen Steppen zu üppigem Ackerland, von Hochebenen zu Tälern in kürzester Zeit wechselten. Auch das Wetter veränderte sich ständig und nahm dabei häufig extreme Formen an. Ähnlich war es mit der Stimmung des jungen Reisenden, die einmal voller Schwung und Begeisterung, dann wieder völlig lustlos und apathisch war. Bald war er glücklich und voller Freude und kurz danach zu Tode betrübt.

Eines Tages kam er an eine Weggabelung, an der man sich entscheiden mußte, ob man links oder rechts weitergehen wollte. Aber unser Wanderer konnte sich nicht entscheiden. Er wollte nicht auf das eine verzichten, wenn er sich für das andere entschied, wollte beides gleichzeitig. Und so schwankte er von einem Fuß auf den anderen, lief schließlich hastig nach links, um nach ein paar Schritten wieder umzukehren und den rechten Weg einzuschlagen. Auch ihn verfolgte er nicht weit, war er doch in Gedanken immer mit dem anderen Weg beschäftigt, den er gerade versäumte.

Nach einigen Tagen des Hin- und Hergerissenseins saß er erschöpft und innerlich zerrissen an der Weggabelung, als ein weiser alter Mann des Weges kam. Dieser sprach unseren Wanderer an, der seinerseits nie um Rat gefragt hätte, wollte er doch seine Probleme alleine lösen. Der Alte fragte: *„Was quält dich so, mein Junge?" „Ich kann mich nicht entscheiden"*, antwortete der junge Mann. *„Was heißt, du kannst nicht, gehen kannst du doch, oder nicht?" „Das schon"*, erwiderte der Verzweifelte, *„aber ich weiß nicht, wohin". „Weißt du, wohin der linke Weg führt?"* fragte der Alte. *„Ja, er führt wohl dort auf den Berg"*, ließ der Junge zaghaft vernehmen, *„aber ich kenne den Berg nicht. Der andere Weg könnte zum Meer führen, aber auch dort war ich noch nie, und ich möchte beides sehen". „Na, dann los, mein Junge, jetzt zählt nur,* daß *du dich entscheidest, nicht wie. Du mußt ohnehin beide Wege gehen, mußt das Meer und die Berge kennen- und liebenlernen und alles, was dir unterwegs begegnet. Aber du kannst nicht beides gleichzeitig erleben, es muß nacheinander geschehen. Bist du dazu nicht bereit, wirst du nie am Ziel ankommen, wirst die Gegensätze*

nie vereinigen können und ewig Gefangener der Spaltung bleiben wie bisher und unfreiwillig hin- und hergeschleudert werden. Du kannst die Kluft der Widersprüche nur überwinden, indem du dich bereitwillig auf beide Seiten einläßt und sie lieben lernst. Aber jetzt genug der Worte, geh jetzt, mein Junge, geh!"

So ganz hatte der Wanderer nicht verstanden, was der Alte meinte, aber er stand auf, bedankte sich und ging in Richtung der Berge. Sooft er sich in alter Gewohnheit unterwegs umdrehte, sah er den alten Mann in Richtung der Berge zeigen, und er setzte seinen Weg fort.

Die Landschaft war jetzt viel gleichförmiger als bisher, das Wetter ausgeglichener, und seine eigenen Stimmungen schwankten nur noch in sanften Wellen. Er ging entschlossen auf sein Ziel zu und erreichte nach einigen erlebnisreichen Tagen den Gipfel des höchsten Berges. Dort setzte er sich hin und genoß die herrliche Aussicht nach allen Seiten. In einer Richtung konnte er das Meer sehen und einen Augenblick lang war ihm, als sei er gleichzeitig auf dem Berg und am Meer. In diesem Augenblick glaubte er zu verstehen, was der alte Weise wohl mit der Vereinigung der Gegensätze gemeint haben könnte.

Obwohl es auch in die entgegengesetzte Richtung einen Weg gab, war es für den jungen Mann völlig klar, daß er zum Meer wollte. Auch dieser Weg war lang und beschwerlich, aber nach einigen Tagen erreichte er das Meer und stürzte sich voller Freude ins erfrischende Wasser. Als er sich schwimmend umdrehte, konnte er in der Ferne den Berg sehen, und er wußte nicht, was er mehr liebte, den Berg oder das Meer. In diesem Augenblick senkte sich die Sonne ins Meer, und für einige Minuten konnte unser Freund die Vereinigung der beiden zu einem leuchtenden, funkelnden Sonnenmeer erleben, in dem Feuer und Wasser eins wurden. Und wieder dachte er an die Worte des alten Mannes.

Am nächsten Tag setzte der Wanderer seinen Weg fort, und je leichter ihm seine Entscheidungen fielen, die zu treffen waren, desto schneller kam er vorwärts.

Eine Woche später erreichte er jene Weggabelung wieder, an der er einst so verzweifelt war, und obwohl erst einige Wochen vergangen waren, fühlte er sich um Jahre gereift. Keineswegs hatte er das Gefühl, im Kreis gegangen zu sein, denn er war um viele Erfahrungen reicher, obwohl er wieder auf dem gleichen Stück Erde stand. Doch er stand nicht alleine da. Neben ihm kauerte ein Mann, der ihm auf sein Fragen hin berichtete, daß er sich nicht entscheiden könne.

STAR OF BETHLEHEM

Das Mädchen und die Sterne von Bethlehem

An einem sonnigen Frühlingsmorgen machte sich eine verwitwete Köhlersfrau auf den Weg zum nahegelegenen Fluß, um Wäsche zu waschen. Der letzte Schnee war fast verschwunden, nur in schattigen Mulden erinnerten noch weiße Flecken an den langen Winter. Auf den Wiesen reckten die zarten Blüten der Sterne von Bethlehem ihre geöffneten Kelche der Sonne entgegen. Als die Frau den Fluß erreicht hatte, fand sie an ihrem gewohnten Waschplatz ein neugeborenes Baby, das in einem Körbchen lag und erbärmlich schrie. Sie nahm es sofort an ihre Brust und empfand eine tiefe Liebe zu dem hilflosen Wesen, das bald in ihren Armen einschlief. Die Frau war glücklich über dieses Geschenk des Himmels und fühlte sich fortan nie mehr einsam. Sie kümmerte sich wie eine Mutter um das kleine Mädchen und hätte es nicht um alles in der Welt wieder hergeben mögen. Das zierliche kleine Mädchen, das mit seinen blonden Locken und blauen Augen wie ein kleiner Engel aussah, blieb immer in der Nähe der Mutter, die ihr das einzige und liebste auf der Welt war. Da die Köhlerhütte, in der die beiden lebten, tief im

Wald lag, sah das Mädchen nur selten andere Menschen und war dann ganz scheu und schüchtern. So gut es konnte, half es seiner Mutter bei der schweren Köhlerarbeit.

Eines Tages, als die beiden gerade dabei waren, einen gewaltigen Holzstapel aus frischgesägten Stämmen aufzurichten, geriet plötzlich der ganze Stapel in Bewegung und begrub die Köhlersfrau unter sich, während das Mädchen schreiend zusehen mußte. So sehr sich das Kind auch bemühte, es gelang ihm nicht, die Mutter zu befreien, und es war auch niemand in der Nähe, dessen Hilfe es hätte erbitten können. Nachdem das Mädchen in panischer Aufregung erfolglos alles mögliche versucht hatte, um die geliebte Mutter zu retten, verfiel es, gelähmt von seinem Kummer, in einen betäubungsähnlichen Zustand, in dem es sich selbst wie tot fühlte. Es saß bewegungslos auf einem Baumstumpf vor dem Holzhaufen, unter dem die Mutter begraben war, und blickte stumpf vor sich hin.

Als nach einigen Tagen Leute vorbeikamen in der Absicht, Holzkohle zu kaufen, sahen sie, was geschehen war. Das Mädchen saß immer noch genauso da und nahm keine Notiz von ihnen. Als sie es trösten wollten, wendete es sich ab und wollte nichts von ihnen wissen. Die Leute, ein Ehepaar, das in der nahegelegenen Stadt selbst zwei Kinder hatte, nahmen das Mädchen mit zu sich nach Hause. Doch an dem Zustand des Mädchens, der wie ein geistig-seelischer Dämmerschlaf anmutete, änderte sich jahrelang nichts, obwohl die neuen Pflegeeltern alles versuchten, um das Kind wieder fürs Leben zu ermuntern.

Eines Tages, als wieder einmal der Frühling mit seinen ersten wärmenden Sonnenstrahlen das Grün zwischen den Schneefeldern wachsen ließ, hörten die Pflegeeltern des Mädchens von einer alten Blumenfrau, die schon viele Kranke mit der Kraft ihrer Blumen und Kräuter geheilt hatte. Als die Frau dann, wenige Tage nachdem ihr von dem Zustand des Mädchens berichtet worden war, bei der Familie eintraf, hatte sie einen großen Strauß frisch gepflückter Milchsterne in ihrer rechten Hand, die um diese Zeit in großen Mengen auf den Wiesen blühten. Ohne zu sprechen stellte sie die Blumen in einer Vase neben das Bett des Mädchens und setzte sich eine Weile daneben, um das Mädchen zu betrachten. Dann erhob sie sich wieder, strich dem Kind sanft über den Kopf und verließ das Haus.

Wenige Tage später fing das Mädchen an, lebendiger zu werden, schaute die Blumen an und dann auch die Menschen, und es war, als ob es aus einem langen Schlaf erwachte oder als ob ein inneres Eis langsam zu schmelzen begann und wieder anfing zu fließen.

Innerhalb weniger Wochen erholte sich das Mädchen völlig, wenngleich es in der ersten Zeit noch oft bitterlich weinte aus Trauer über den Tod der Köhlersfrau, an den es sich nun wieder erinnerte. Aber es ließ sich wieder trösten von den neuen Geschwistern und den Pflegeeltern, die es sehr gern hatten. So wuchs es wie die anderen Kinder heran, wurde ein lebendiges und fröhliches junges Mädchen, das schon sehr bald den Schutz der Eltern nicht mehr brauchte und seinen eigenen Weg ging. Es war, als ob es durch nichts mehr erschüttert werden konnte, und was auch immer ihm begegnete, es konnte mit Klarheit und großer Beweglichkeit mit allem fertig werden. Auch erholte es sich sehr schnell, wenn eine Krankheit oder ein Mißgeschick es ereilte.

Viele Jahre später, nachdem ihre eigenen Kinder erwachsen waren und ihr Ehemann bereits gestorben war, wurde ihr im Zurückblicken bewußt, daß die schlimmsten Ereignisse ihres Lebens, die wie ein Schock auf sie gewirkt hatten, die Weichen gestellt hatten für die Entwicklung, die sie dann nahm. Denn hätte sie all das gelernt und erlebt, wenn sie bei der Köhlersfrau hätte bleiben können?

Und so hatte sie die Botschaft der eigenen Katastrophe verstanden. Aber sie hatte noch etwas verstanden, daß nämlich nicht nur Menschen und Tiere helfende Freunde sein können, sondern auch Blumen.

SWEET CHESTNUT

Antonio, der Maroniverkäufer

Wie immer in der Adventszeit stand Antonio hinter seinem kleinen eisernen Ofen, auf dem er die so angenehm duftenden Kastanien röstete. *„Heiße Maroni"*, rief er von Zeit zu Zeit, um die Leute auf seine Ware aufmerksam zu machen. Viele bewunderten seine aufrechte und würdevolle Haltung, die er sich nach all dem Leid seines schweren Schicksals bewahrt hatte. Er hatte sich sein ganzes Leben lang wirklich tapfer geschlagen und war nach all seinen Rückschlägen und Verlusten immer wieder aus eigener Kraft auf die Beine gekommen.

Als erster Sohn eines reichen Bauern mußte er schon in früher Jugend in den Krieg ziehen und wurde ein sehr tapferer Soldat. Nachdem der Krieg zu Ende war und er voll Hoffnung und Freude auf das Erbe des Hofes zurückkam, fand er nur die Ruine seines Elternhauses vor und erfuhr, daß seine Eltern bei der Zerstörung des Hauses ums Leben gekommen waren. Das Land war daraufhin von einem habgierigen Onkel verkauft worden, der inzwischen verschwunden war. So stand er mit leeren Händen da.

Tatkräftig nahm er jedoch sein Geschick in die Hand und baute sich mit Willensstärke, Fleiß und

Selbstdisziplin eine neue Existenz auf, und schon nach wenigen Jahren war er Besitzer einer Keramikmanufaktur, deren Produkte sehr geschätzt waren. Als aber etwa zehn Jahre später industriell hergestellte Keramikfliesen viel billiger angeboten wurden, ging sein Betrieb zugrunde und er verlor seinen ganzen Besitz. Daraufhin verließ ihn seine Frau mit den zwei Kindern und zog zu einem reichen Kaufmann.

So sehr ihn all diese Verluste auch schmerzten, Antonio war nicht unterzukriegen, ließ sich nichts anmerken und kam wieder auf die Beine. Fremde Hilfe hätte er niemals angenommen. Nach einigen Jahren heiratete er wieder und führte mit seiner zweiten Frau ein sehr bescheidenes Leben. Die Wellen des Schicksals trugen ihn noch mehrmals hinauf und wieder hinunter, aber er ertrug alles mit der gleichen Tapferkeit und Kraft, ohne daran zu zerbrechen.

So stand er schließlich Jahr für Jahr im Advent auf der kleinen Piazza und verkaufte heiße Maroni, die er im Herbst in den hügeligen Kastanienwäldern der Umgebung gesammelt hatte. Eines Morgens jedoch blieb sein Platz leer und der kleine Ofen auf den zwei gußeisernen Rädern stand kalt und verlassen da. Antonio war ins Rathaus gerufen worden, wo man ihm verbot, seine Tätigkeit als Maroniverkäufer weiterzuführen. Niedergeschlagen kam er in seinem kleinen Holzhäuschen am Stadtrand an, doch als er nach seiner Frau rief, um ihr vom Verlust seiner Arbeit zu erzählen, antwortete sie nicht, und er fand sie schließlich tot im Bett liegend.

Er sank in sich zusammen und fühlte sich so verzweifelt und hoffnungslos, als ob all das Leid und all die Last seines Lebens ihn gleichzeitig niederdrückten, ihn in die Knie zwängen und ihm das Rückgrat brächen. Er war am Ende seiner Kraft, denn das war mehr als ein Mensch ertragen konnte. Tiefste Finsternis füllte ihn aus und umgab ihn, und er sah nichts anderes mehr als diese grenzenlose Nacht ohne Licht, ohne Weg, völlig allein und ohne Hoffnung. *„Gott muß mich wohl vergessen haben"*, dachte er niedergeschlagen, aber er erwog niemals, sich das Leben zu nehmen, wie das wohl mancher andere in so einer Situation getan oder zumindest gedacht hätte. Bei der Beerdigung seiner Frau versuchte er den wenigen Trauernden gegenüber seine Verzweiflung so gut es ging zu verbergen, und sooft ihm Hilfe angeboten wurde, sagte er: *„Ich komme schon zurecht"*.

Einige Tage später kam der Weihnachtsabend, und Antonio irrte ziellos durch die Straßen der Stadt, denn zu Hause hielt er es nicht mehr aus. Plötzlich wurde er aus seiner düsteren Stimmung aufgerüttelt, und etwas in ihm erwachte, was sich wie ein winziges Lichtlein in dunkler Nacht anfühlte, es war ein Geruch, den er unversehens in der Nase hatte – der

Geruch gerösteter Maroni. Diesem Geruch folgte er willenlos, ja, er mußte ihm folgen, so stark zog er ihn an, bis er vor einer Tür stand, hinter der sich ganz offensichtlich die Quelle dieses Duftes befand. Er blieb vor der Tür stehen und lauschte. Zuerst war es ganz still, dann hörte er Kinder singen, viele Kinder, und es tönte in seinen Ohren wie Engelsgesang. Sie sangen von der Geburt Jesu, der das Licht in die Dunkelheit bringt, und Antonio spürte, wie das winzige Licht in seinem Inneren zu leuchten begann und das Dunkel verschwand. Und dann tat er einen Schritt, den er niemals vorher in seinem Leben getan hatte: Er klopfte an und bat um Einlaß, bat um Aufnahme, um Hilfe. Und es war ganz anders als er es sich immer vorgestellt hatte, nicht erniedrigend, nicht verbunden mit dem Gefühl der Schwäche und Ohnmacht, sondern mit dem Gefühl unendlicher Erleichterung, befreit von dem Zwang, immer stark sein zu müssen.

Nachdem ihm die Tür geöffnet worden war, stand er in einem feierlich geschmückten Raum voller Kinder, die gerade ihre weihnachtlichen Gaben auspackten. Ohne viele Worte wurde er hereingebeten und eingeladen mitzufeiern. Es war wie ein wohltuendes heißes Bad nach einem unendlich langen Marsch durch Schnee und Eis, die Freude der Kinder, die Wärme und Herzlichkeit, mit der er aufgenommen

wurde, und er spürte in der Tiefe seines Herzens, daß Gott ihn nicht vergessen hatte, ja, daß er ihm nie näher gewesen war als in der dunkelsten Finsternis, in der sein Licht geboren wurde.

Antonio war von nun an erlöst von seinen Qualen, war ruhig und zufrieden. Er half in dem Waisenhaus mit und bekam dafür ein Bett und zu Essen. Bei den Kindern war er sehr beliebt, und solange er lebte, stand er jedes Jahr im Advent im Hof des Waisenhauses hinter seinem eisernen Ofen und röstete für die Kinder Maroni, die er im Herbst in den Hügeln gesammelt hatte.

VERVAIN

Der Missionar

Der jüngste Sohn eines Vorstadtpastors fiel schon als Kind durch seinen starken Willen auf, den er meist auch den Eltern gegenüber durchsetzte. Er war sehr geschickt darin, andere von seiner Meinung zu überzeugen, und übte diese Fähigkeit, wo er nur konnte. Schon in früher Jugend beschäftigte ihn die Frage, wie man eine bessere Welt schaffen könne; dies begann immer mehr Raum in seinem Bewußtsein einzunehmen. In seinem Inneren wuchs die Überzeugung, daß er es zu seinem Ziel machen müsse, die Welt und die Menschen zu verbessern. Die Lehren seines Vaters befriedigten ihn schon als Kind nicht mehr, und er suchte eifrig nach anderen Möglichkeiten, sein Ziel zu verwirklichen, von dem er ganz durchdrungen, ja fast besessen war.

Er begann, sich mit Meditation zu beschäftigen, und nach einiger Zeit formte sich in ihm die Idee, daß die bessere Welt nur dadurch geschaffen werden könne, daß jeder Mensch mindestens eine halbe Stunde pro Tag meditiert. Die Idee wurde zur Überzeugung, die bald so fest war, daß ihn niemand davon hätte abbringen können. Je stärker diese Überzeugung wurde, desto mehr spürte er die Kraft und die

Energie, sich ganz in den Dienst der Menschheit zu stellen und das Heil der Welt durch Meditation zu erwirken.

Eifrig und unermüdlich begann er in der eigenen Stadt auf öffentlichen Straßen und Plätzen zu reden. Wenn er sich auf eine Mauer oder eine Bank stellte und seine Stimme erhob, versammelte sich bald eine stattliche Menge um ihn, denn er verstand es, die Leute in seinen Bann zu ziehen. Mit lebhafter Mimik und wilden Gesten redete er eindringlich auf seine Zuhörer ein und übertönte den größten Straßenlärm mit seiner kräftigen Stimme.

Überall in der Stadt rief er mit Hilfe seiner wachsenden Anhängerschaft Meditationsgruppen ins Leben. Wo immer er hinkam, ob öffentlich oder privat, er sprach nie von etwas anderem als von seiner Idee und nahm keine Rücksicht darauf, ob Interesse bestand oder nicht. Er gönnte sich fast keine Ruhe, war unermüdlich in seiner Sache unterwegs und schlief auch nachts nur ein paar Stunden.

Bald verließ er die Stadt, um auch in anderen Orten und Städten seine Mission voranzutreiben. Dabei gewann er viele Anhänger, machte sich aber durch sein dominantes, oft fanatisches Auftreten immer wieder Feinde. Schon nach wenigen Jahren gab es im ganzen Land kaum jemanden, der ihn nicht kannte oder zumindest von ihm und seiner Idee gehört hatte.

Er reiste in fremde Länder und scheute keinen Aufwand, auch dort in gewohnter Weise seine Mission fortzusetzten. Manchmal war ihm, als würde er gleich platzen vor Energie, und diese Kraft trieb ihn immer weiter. Da er sich das Letzte abverlangte, war er schon seit Jahren nicht mehr dazugekommen, selbst zu meditieren, aber schließlich mußte man Prioritäten setzen.

Auch vor solchen Ländern machte er nicht halt, in denen es verboten war, öffentlich zu reden und Versammlungen zu bilden. So kam er wiederholt in Konflikt mit Behörden und Polizei. Weil er sich durch nichts abschrecken oder behindern ließ, landete er auch ein paarmal im Gefängnis. Dieser Preis schien ihm nicht zu hoch, zumal er auf diese Weise endlich Gelegenheit hatte, auch den Gefangenen seine Idee mitzuteilen. Schließlich kam er immer wieder irgendwie frei und setzte seine Mission fort.

Er stieß jedoch auf immer mehr Widerstand auch von Seiten der Zuhörer, die er überzeugen wollte. Als er wieder einmal im Gefängnis saß und ihm auch die Möglichkeit genommen wurde, mit anderen zu sprechen, begann er wieder zu meditieren und spürte, daß es ihm sehr gut tat. Er wurde ruhiger, und obwohl die starke Energie, die ihn bisher angetrieben hatte, immer noch in ihm war, hatte sie doch eine andere Qualität. Der Impuls, etwas mit der Kraft machen zu müssen, wurde schwächer, und sie begann, in ihm und durch ihn hindurch zu fließen. Im Gefängnis hatte er auch viel Zeit, über sein bisheriges Werk nachzudenken und Bilanz zu ziehen. So mußte er feststellen, daß, wenngleich seine Idee sehr bekannt geworden war, dennoch sehr wenige Menschen wirklich meditierten. Ob das wohl daran lag, daß er es auch selbst nicht getan hatte?

Als er dann einige Jahre später aus dem Gefängnis entlassen wurde, reiste er zurück in seine Heimatstadt. Er wunderte sich über den kühlen und eher abweisenden Empfang, der ihn deutlich spüren ließ, daß die Leute froh waren über seine lange Abwesenheit. Einige der gegründeten Meditationsgruppen existierten noch, aber ihre Tätigkeit hatte sich fast ausschließlich auf Öffentlichkeitsarbeit beschränkt, die ihrerseits auf wachsenden Mißmut und Widerstände gestoßen war.

Er war zuerst sehr enttäuscht von der Dummheit der Menschen, erkannte aber immer deutlicher, daß sein Scheitern damit zusammenhing, daß er versuchte hatte, ihnen seine Überzeugung aufzuzwingen. Auch war er nie wirklich in Kontakt mit den Menschen, sondern immer nur mit seiner Idee, die das einzige war, was er sah.

Für einige Jahre zog er sich zurück, meditierte, dachte nach und arbeitete an sich selbst. Seine Idee war immer noch wach in ihm, aber nun war es ihm vor allem wichtig, sie selbst zu leben. In dieser Zeit begegnete er einem Meister, der nur wenige Schüler hatte und kaum an die Öffentlichkeit trat. Er wurde als Schüler akzeptiert und begann einen Weg, auf dem er zuerst einmal das meiste von dem vergessen mußte, was er zu wissen geglaubt hatte. Und so vergaß er auch die Idee, daß er die Menschheit zur Meditation bekehren müsse, und kümmerte sich vor allem um sein eigenes Wachstum.

Viele Jahre später wurde er von seinem Meister als Nachfolger ernannt mit dem Auftrag, die Lehre an diejenigen weiterzugeben, die sich darum bemühten. So lehrte, unterstützte und beriet er diejenigen, die darum baten, aber nie mehr versuchte er zu missionieren oder wandte sich an Menschen, die nicht an dem interessiert waren, was er zu sagen hatte. In seinem Wesen war er ruhig und ausgeglichen, konnte aber auch sehr aktiv und temperamentvoll sein.

Er hatte gelernt, seine Kraft und Energie zur rechten Zeit, am rechten Ort und in angemessener Weise einzusetzen.

VINE

Padrone Vine

In dem weiten, fruchtbaren Hügelland, das im Osten von Bergen und im Westen vom Meer begrenzt wurde, gab es niemanden, der Padrone Vine nicht kannte. Seiner Familie gehörten schon seit Generationen die größten Ländereien dieser Gegend, so daß er weit und breit der reichste und mächtigste Mann war. Die meisten Familien waren in irgendeiner Form von ihm abhängig, sei es als Pächter seines Landes, sei es als Arbeiter auf seinem eigenen, riesigen Weingut oder als Fischer, Handwerker und freie Händler, die ihre Produkte an ihn verkauften oder Aufträge von ihm erhielten.

Den großen Respekt, den er überall genoß, verdankte er nicht seiner Großmut oder anderen Tugenden, sondern der Tatsache, daß er im ganzen Land gefürchtet wurde. Zwar war die Sklaverei schon seit Generationen abgeschafft, aber die Arbeiter auf seinem Gut hatten es nicht viel besser als ihre Vorfahren, die noch Leibeigene waren. Sie wurden von früh bis spät zur Arbeit angetrieben, waren in armseligen Hütten untergebracht und ihre Bezahlung war so schlecht, daß sie und ihre Familien nur das Nötigste zum Überleben hatten. Nicht viel besser ging es den zahlreichen Pächtern, die sein Land bewirtschafteten und jedes Jahr einen beträchtlichen Teil ihrer Erträge an den Padrone abgeben mußten, so daß sie nach schlechten Ernten oft in bitterer Armut lebten, obwohl sie alle hart arbeiteten.

Wenn er für seine Härte und Rücksichtslosigkeit kritisiert wurde, sagte er: *„Mit diesen Leuten kann man nicht anders umgehen. Sie brauchen eine harte Führung, sonst werden sie faul und undiszipliniert und richten sich selbst und das Land zugrunde. Sie sollten mir dankbar sein, denn durch mich haben sie Arbeit, ein Dach über dem Kopf und zu essen. Ich weiß, was für diese Leute gut ist, sie müssen mit eiserner Hand und der Peitsche geführt werden, sonst kommen sie nur auf dumme Gedanken".*

Hin und wieder wagte einer, sich gegen ihn oder seine Aufseher aufzulehnen, aber jede Rebellion wurde mit brutaler Gewalt im Keim erstickt. Padrone Vine war unumschränkter Herrscher in seinem Gebiet, und wenngleich manche seiner Maßnahmen dem Gesetz des Landes widersprachen, so gab es doch niemanden, der es wagte, ihn zur Rechenschaft zu ziehen. Er gefiel sich in seiner Macht und Stärke, und sein ungeheurer Erfolgszwang verlangte von ihm, alle Ziele zu erreichen, die er sich in den Kopf gesetzt hatte.

Eines Tages kam eine hübsche junge Frau zu ihm aufs Gut, um nach Arbeit zu fragen. Sie hieß Centaury, und ihre ganze Geschichte wird an anderer Stelle erzählt. Neben ihrer äußeren Erscheinung gefiel ihm vor allem ihr bescheidenes Auftreten und ihre offensichtliche Bereitschaft, alle an sie gestellten Erwartungen zu erfüllen. Schon nach wenigen Minuten beschloß er, sie zu seiner Frau zu machen, und stellte sie deshalb als Dienstmagd in seinem eigenen, palastähnlichen Haus ein.

Wie von ihm nicht anders erwartet, war Centaury für seine Komplimente sehr zugänglich und nahm seinen Heiratsantrag ohne Zögern an. Es mußte ja auch eine große Ehre für sie sein, bei ihrer niedrigen Herkunft die Gemahlin des Padrone zu werden. Fügsam und geschmeidig paßte sie sich allen seinen Wünschen und Vorlieben an und verwöhnte ihn in jeder erdenklichen Weise. Während er sie anfangs noch dafür mit freundlicher Anerkennung belohnte, war es ihm bald selbstverständlich, daß sie ihm jeden Wunsch von den Augen ablas. Er behandelte sie zunehmend gleichgültiger und immer mehr in jener Weise, die er seinen Bediensteten gegenüber gewohnt war.

Da Centaury gelernt hatte, viel zu ertragen, litt sie erst wirklich, als sie Kinder hatten, die der Vater mit der ihm eigenen Strenge und Härte erziehen wollte. Zum ersten Mal fügte sie sich nicht seinem Willen, nach dem sie die Erziehung der Kinder aus der Hand geben sollte, um sie einer angestellten Erzieherin zu überlassen, die sich genau an die väterlichen Richtlinien gehalten hätte. Seit diesem ersten NEIN Centaurys dem Padrone gegenüber entzog er ihr seine Liebe, und sie konnte ihm nichts mehr recht machen.

Für Centaury war dieser Zustand schier unerträglich, bemühte sie sich doch so sehr, die an sie gestellten Erwartungen zu erfüllen. In dieser Situation jedoch war es unmöglich, allen Seiten gerecht zu werden, und so entschied sie sich um der Kinder willen, sich von Vine zu trennen, weil die Kinder ihrem Vater gegenüber nichts anderes mehr empfinden konnten als Angst.

Der Padrone war außer sich vor Zorn, denn er erlebte zum erstenmal in seinem Leben, daß sich ihm jemand auf Dauer widersetzte. Centaury jedoch ließ sich weder einschüchtern noch umstimmen, da ihr die Entscheidung, für ihre Kinder zu kämpfen, ungeahnte Kräfte verliehen hatte. Sie verließ kurz darauf mit den Kindern das Haus und zog in eine fremde Stadt. Vine, dessen erste Reaktion sehr heftig und in gewohnter Weise machtvoll war, verlor völlig die Fassung darüber, daß er nichts damit erreichte. Diese Erfahrung war für ihn unglaublich und erschütterte sein Selbstbild zutiefst. Zum erstenmal war er wirklich besiegt worden, war hilflos und ohnmächtig.

Er fühlte sich wie eine einst stolze und überlegene Weinrebe, der sich plötzlich der Stab entzog, auf den sie sich gestützt hatte, um aufrecht zu stehen. Sie hatte den Stab ganz vergessen gehabt, es war ihr selbstverständlich geworden, daß er sich dienend zur Verfügung gestellt hatte, aber jetzt, da er fehlte, spürte die Rebe ihre Schwäche und brach in sich zusammen.

Wochenlang konnte Vine seiner Arbeit nicht mehr nachgehen und hatte auch kein Interesse mehr daran. Jetzt mußte er zudem noch erleben, daß das Gut auch ohne ihn sehr gut funktionierte. Unter der Führung eines Stellvertreters wurden viele Veränderungen eingeführt, ohne daß die Produktivität darunter litt. Erst nach mehreren Monaten intensiver Auseinandersetzung mit sich selbst kümmerte er sich wieder um die Belange des Gutes, jedoch in ganz anderer Weise als gewohnt. Ihm war klar geworden, daß er bisher seine Macht mißbraucht und seine Kraft und Fähigkeiten zur Unterdrückung anderer benutzt hatte. Jetzt wollte er versuchen, die ihm gegebenen Möglichkeiten zum Nutzen aller einzusetzen.

Als erstes reiste er durch sein eigenes Land und interessierte sich endlich dafür, wie es all den Menschen ging, die für ihn arbeiteten. Auch diese Reise war äußerst erschütternd für ihn, mußte er doch feststellen, welch schreckliche Folgen sein rücksichtsloses Regiment verursacht hatte. Beschämt sah er die bittere Armut fast aller Bewohner seines Territoriums. Während er früher den ängstlichen Respekt der Menschen genossen hatte, war es ihm jetzt unangenehm zu erleben, daß alle nur Schlimmes bei seiner Ankunft erwarteten und angstvoll erstarrten, wenn er sich mit seiner Kutsche näherte.

Nach dieser erschütternden Bestandsaufnahme berief er eine Versammlung ein, der neben seinen Verwaltern und Aufsehern das Oberhaupt jeder für ihn tätigen Familie beiwohnte. Ziel dieser Zusammenkunft war es, gemeinsam einen Plan zur Beseitigung aller Mißstände zu entwerfen, um der Not und Armut ein Ende zu bereiten. Wenige Monate später hatte sich schon vieles geändert. Die Bediensteten verloren immer mehr ihre Angst vor dem Padrone und entwickelten sich von Sklaven zu Mitarbeitern. Vine hatte zu seiner Fähigkeit zu führen das Dienen dazugelernt und war somit zu einer echten Autorität geworden, die den Respekt verdiente, der nun nicht mehr der Angst entsprang.

Durch den Wunsch der Kinder, ihren Vater wiederzusehen, begegneten sich Centaury und Vine drei Jahre nach ihrer Trennung als zwei veränderte Menschen wieder. Centaury war inzwischen sehr selbständig und selbstbewußt und hatte sich von dem Druck befreit, allen Erwartungen gerecht werden zu müssen. Beide waren erstaunt über die tiefgreifende Wandlung, die sie beieinander feststellten, und erkannten, daß jeder von ihnen während der Zeit ihrer Trennung etwas dazugewonnen hatte, was vorher nur der Partner konnte. So hatten sie jeweils die Stärke des anderen bei sich selbst gefunden, Centaury ihre Willenskraft und Vine das Dienen. Tief in ihrem Herzen spürten sie, daß sie zusammengehörten, und zwar nicht mehr, weil sie einander brauchten, wie früher, sondern weil sie einander liebten.

WALNUT

Die Geburt

In der unendlichen Tiefe des Ozeans lebte ein Wesen ohne Form und Ausdehnung, das ganz mit dem Meer verbunden war. Nun geschah es eines Tages, daß dieses Wesen eine Veränderung wahrnahm, die dazu führte, daß es mehr und mehr eine eigene Gestalt bekam und sich zu einem vom Meer getrennten Geschöpf verdichtete. So sehr es sich auch wehrte, denn es wollte, daß alles so bliebe, wie es war, konnte es nichts dagegen tun. Schließlich hatte es die Form einer kleinen Kugel angenommen, die, obwohl sie zart und weich war, dem Wesen wie ein enges Gefängnis erschien, war es doch die ganze Weite des Ozeans als Aufenthaltsort gewohnt.

Die kleine Kugel wurde von einer sanften, aber zielstrebigen Strömung in eine dunkle Höhle tief unter dem Meeresspiegel bewegt, wo sie liegenblieb. Zunächst war ihr dieser Ort unheimlich und fremd, aber bald fühlte sie sich im Halbdunkel der moosbewachsenen Höhle geschützt und geborgen, und eine leichte, warme Strömung fing an, sie zu schaukeln. So, wie in einem winzigen Samenkorn ein fertiger Baum enthalten ist, so spürte unser Wesen im Inneren das Vorhandensein einer viel größeren Gestalt, in die es hineinzuwachsen schien. Es spürte Arme und Beine und einen Kopf mit Augen und Ohren, obwohl davon äußerlich noch nichts zu sehen war. In jedem Augenblick ereignete sich eine kleine Veränderung, und auch die Umgebung, die Höhle nämlich, nahm an diesen ständigen Umformungen teil. Alles, was das wachsende Geschöpf brauchte, war vorhanden, und es gab im Inneren der weichen und warmen Höhle nichts Bedrohliches. Es genoß lange Zeit diese Harmonie, die sich ganz ähnlich anfühlte wie damals der Zustand als formloses, dem Meer verbundenes Wesen.

Allmählich aber merkte es, daß es selbst mehr wuchs als die umgebende Höhle, so daß es den vorhandenen Raum mehr und mehr ausfüllte. Es wurde eng. Die gewohnte Behaglichkeit war verschwunden, und unser Wesen, dessen Körper inzwischen wirklich Arme, Hände, Füße, Beine, einen Kopf mit Nase, Ohren und Mund bekommen hatte, war beunruhigt, da ihm klar wurde, daß es, wenn es so weiterging, hier nicht mehr bleiben konnte. Und es ging so weiter, der Körper wuchs, die Höhle wurde noch enger und es stieß überall an. *„Was mache ich nur"*, dachte es, *„wohin komme ich, wenn ich die Höhle verlasse, und wie komme ich hier heraus?"* Und es bekam große Angst vor all dem Unbekannten, das es erwartete, und fing an, sich Vorstellungen von der Welt zu machen, in die es kommen würde. *„Es wird schrecklich sein da draußen, kalt und bedrohlich, und ich werde schutzlos sein, wenn mich die Höhle nicht mehr umgibt. Nein, ich bleibe lieber hier, auch wenn es eng ist."* Dann war da aber auch Neugierde, wie es wohl wirklich sei da draußen.

Während all dieser Überlegungen war es hin und hergerissen zwischen dem Drang, der Enge zu entfliehen und das Neue kennenzulernen, und der Angst, die es sich zurücksehnen ließ in die Zeit der Geborgenheit und Harmonie. Immer mehr wurde ihm jedoch klar, daß es kein Zurück gab, und so begann es, Vorbereitungen zu treffen für die Welt da draußen, vor der es sich schützen wollte. Aus dem Moos, das die Höhle auskleidete, machte es sich ein Gewand, das es schützen und wärmen sollte, und so wollte es auch etwas von der vertrauten Geborgenheit seiner Höhle mit hinausnehmen.

Kaum waren die Vorbereitungen getroffen, wurde die Höhle von kräftigen Erdstößen erschüttert, das Wasser geriet in Bewegung und ein ungeheurer Sog wollte unser Wesen in eine Richtung ziehen, in der die Höhle enger wurde. Da es von der Plötzlichkeit dieser Veränderung überrascht wurde, konnte es überhaupt nichts dagegen tun und wehrte sich auch nur wenig, fühlte es sich doch durch seinen Moospanzer gut gerüstet. Es wurde immer enger, und die starke Strömung riß es in eine trichterförmige Öffnung hinein, die in einen engen Tunnel führte, der immer noch enger zu werden schien. Es machte sich ganz dünn, um wenig Reibungsfläche zu bieten, und kam zuerst auch gut voran. Als es aber noch enger wurde, blieb es stecken. Der ganze Körper war zusammengedrückt, es konnte weder vor noch zurück. Nun war es vorbei mit der anfänglichen Entschlossenheit, sich den nötigen Veränderungen mutig zu stellen, und es wollte nur noch zurück in die warme Höhle. Alle Anstrengungen, die es in dieser Richtung unternahm, waren vergebens. So versuchte es denn doch, vorwärts zu kommen. Dazu war es aber unvermeidlich, den vorsorglich und mühsam gebastelten Schutzpanzer zurückzulassen.

Nachdem es sich aus dem Moosgewand herausgearbeitet hatte, ging es wieder vorwärts. Aber es war mühsam und sehr beschwerlich, und oft blieb es stehen und drehte sich voll Sehnsucht um nach der warmen Höhle, die jedoch unwiederbringlich der Vergangenheit angehörte. Während es wieder einmal zurückblickte, wurde es von der bisher stärksten Strömung erfaßt, die von ungeheuren Erdbewegungen begleitet war, und ehe es sich besinnen konnte, wurde es fortgerissen und arbeitete sich nun weiter durch den engen Kanal nach vorne, an dessen Ende es Licht sah. Von nun an drehte es sich nicht mehr

um und strebte diesem Ziel entgegen. Alles ging sehr schnell, und schließlich war es soweit. Es kam ins Freie und sah staunend die Weite, die von Licht überflutet war. Erschöpft blieb es vor dem Ausgang liegen und merkte, daß es nicht mehr von Wasser umgeben war. Die Kühle war zunächst unangenehm, aber nachdem der Körper getrocknet war, spürte es die Wärme der Sonne, die es wieder zu Kräften kommen ließ.

Nun kam auch die Neugierde wieder, und es machte sich zuerst unbeholfen auf den Weg, die Welt zu erforschen. Es sah Bäume, Gräser und Blumen, Tiere und andere Wesen, deren Körper dem seinen ähnlich waren. Es wurde sicherer in seinen Bewegungen, und auch seine Kräfte nahmen zu. Auf dem langen Weg, den es nun antrat, kam es noch oft in Situationen, in denen es eng und schwierig wurde und in denen es Angst vor dem Neuen und Unbekannten bekam, aber es erinnerte sich dann daran, wie es damals aus der Höhle gekommen war und wieviel Schmerz und Verzögerung es sich geschaffen hatte, als es immer wieder versucht hatte, zurückzugehen.

So blickte es an keiner Schwelle mehr zurück, sondern ging hindurch und überwand seine Angst, die auch schnell verschwand, sobald es weiterging. Und es machte immer wieder die Erfahrung, daß es nach jeder Enge wieder weit wird, wenn man nicht stehenbleibt.

WATER VIOLET

Violetta im Elfenbeinturm

Violetta war das einzige Kind adeliger Eltern. Sie fiel schon in sehr zartem Alter durch außergewöhnliche Begabungen, große Wachheit und Auffassungsgabe auf. Ihre Eltern waren sehr stolz auf sie und wollten etwas ganz Besonderes aus ihr machen. Violetta war jedoch ein sehr freiheitsliebendes und selbständiges Kind, das am liebsten alleine spielte, und so wehrte sie sich freundlich, aber bestimmt gegen das Bestreben ihrer Eltern, all ihre Begabungen durch Unterricht und Schulung zu fördern. Sie empfand diese Maßnahmen, denen sie sich teilweise doch beugen mußte, als freiheitsberaubende Übergriffe. Am meisten haßte sie es, wenn sie von den Eltern stolz herumgezeigt wurde und dabei gezwungen werden sollte, ihre außergewöhnlichen Fähigkeiten zu demonstrieren. Dann waren ihr alle Menschen lästig, und sie empfand sie als Störenfriede ihrer persönlichen Sphäre. So vermied sie den Kontakt mit den Menschen, die ihr oft grob und dumm erschienen. Sie machte jedoch niemals trotzige Szenen, um sich gegen äußere Einmischung zu wehren, sondern zog sich freundlich und vornehm zurück.

Schon als Kind wirkte sie oft alt, unkindlich und ernst und suchte auch keinen Kontakt mit anderen Kindern. Da sie sich im Elternhaus sehr eingeengt fühlte, verließ sie es schon recht früh und zog zu einem Großonkel, der sehr zurückgezogen und abgeschieden in einem Jagdschlößchen lebte. Dort fühlte sie sich sehr wohl, denn der alte Mann, der für die letzten Jahre seines Lebens die Einsamkeit gewählt hatte, wollte wie Violetta seinen Interessen und Beschäftigungen nachgehen, die vorwiegend geistiger Natur waren. Auch er interessierte sich besonders für Philosophie, Literatur und Religion, und sie konnte in seiner umfangreichen Bibliothek manches Werk finden, das sie schon lange gesucht hatte.

Der Großonkel stand ihr immer bereitwillig mit Rat und Antwort zur Verfügung, wenn sie sich an ihn wandte, was über die Jahre immer häufiger geschah, da sie seine Weisheit und seinen Respekt für die Freiheit des anderen schätzen gelernt hatte. Eines Abends fragte sie ihn, was seiner Meinung nach ihr nächster wichtiger Schritt sei, denn sie fühle in sich den Drang, Gedichte zu schreiben. Ganz anders als bei bisherigen Fragen, die auch nie persönlicher Natur gewesen waren, machte der Großonkel ein betroffenes und ernstes Gesicht und teilte ihr nach einer schweigenden Pause mit, daß er es für außerordentlich wichtig für sie halte, wieder in Kontakt mit anderen Menschen zu kommen. Dazu sei es notwendig, sein Haus zu verlassen, da dies auf Dauer kein Ort für eine junge Frau sei, in seinem Alter sei das angemessen.

Violetta war sehr enttäuscht, denn sie hatte geglaubt, einen Menschen gefunden zu haben, der sie wirklich verstand und ihr nicht unterlegen war, doch jetzt war sie überzeugt, sich geirrt zu haben. Sie zeigte ihre Enttäuschung jedoch nicht, sondern verabschiedete sich von dem alten Mann am nächsten Tag mit einigen freundlich distanzierten Worten des Dankes. Danach verließ sie stolz das Haus.

Sie ließ sich in einem Sumpfgebiet am Rande des elterlichen Besitzes einen Elfenbeinturm errichten, der hoch über einen Teich mit ruhigem, klarem Wasser emporragte, in dessen Mitte er stand. Neben dem Turm erhoben sich wie viele kleine Elfenbeintürme die aufrechten Stengel der Sumpfwasserfeder, deren gefiederte Blätter im klaren Wasser ruhten, mit den Wurzeln fest im Grund verankert. Sie hielt sich meist im obersten Turmzimmer auf und verließ es fast nur zu den Mahlzeiten, die sie im mittleren Stockwerk einnahm. Den Haushalt führte ihr eine alte Bedienstete des elterlichen Hauses, die im untersten Stockwerk wohnte und nur bis zur mittleren Etage hinaufdurfte, um das Essen zu servieren.

Violetta schrieb Gedichte, die sie nie jemandem zeigte, da sie überzeugt war, daß sie ohnehin niemand verstand außer ihr selbst. Manchmal spielte sie auf ihrer Harfe, doch die Melodien verklangen in der Einsamkeit der Sümpfe. Über die Jahre kam es ihr vor, als wachse ihr Elfenbeinturm in die Höhe, denn ihre Entfernung von der Erde und den Menschen wurde immer größer. Sie fühlte sich jedoch sehr wohl, allein und ohne störende Beeinflussung von außen. Manchmal, wenn sie von der Höhe ihres Turmes übers Land blickte, sagte sie bei sich: *„Ich brauche euch nicht, ihr Menschen dort unten"*. Hier oben war sie frei, und ihr Kopf fühlte sich leicht und weit an, so, als sei er nach oben offen für jene geistige Welt, aus der sie ihre Verse schöpfte.

Nach einigen Jahren starb die Haushälterin und es fand sich niemand, der bereit war, ihre Stelle einzunehmen. Nur einmal in der Woche brachte ein Diener Lebensmittel aus dem elterlichen Schloß herüber. So lebte Violetta viele Jahre, bis eines Tages der sumpfige Grund unter dem Elfenbeinturm nachgab und der Turm begann, langsam abzusinken.

Dieser Vorgang blieb die ersten Tage unbemerkt, doch als Violetta eines Morgens erwachte, stellte sie fest, daß der Turm sich über Nacht zur Seite geneigt hatte und schief aus dem See emporragte. Sie schritt sehr gefaßt die Stufen der Wendeltreppe nach unten, um sich ein rechtes Bild von der Lage zu machen. Dort stellte sie jedoch fest, daß die Eingangstür bereits unter der Wasseroberfläche versunken war. Sie lief wieder nach oben und wurde sich bewußt, daß nur fremde Hilfe sie noch retten konnte. Sie rief und winkte aus dem Fenster in die Einsamkeit, von der ihre Rufe echolos verschluckt wurden.

Jetzt wurde ihr klar, in welche Lage sie sich gebracht hatte, und sie erkannte die Überheblichkeit und Arroganz, mit der sie sich über die Menschen gestellt hatte, erkannte auch die Sinnlosigkeit ihrer Werke, die nie jemand lesen würde. Sie sah, daß ihre Fähigkeiten nicht ihre Verdienste, sondern göttliche Geschenke waren und der Stolz darauf im Begriff war, sie nun zu vernichten. Sie spürte, daß es Demut war, die ihr fehlte, und war bereit, jetzt demütig in den Tod zu gehen und den Preis für ihre Überheblichkeit Gott und den Menschen gegenüber zu bezahlen.

Zum ersten Mal in ihrem Leben beugte sie ihr Haupt und verließ das oberste Zimmer des Turmes, um Stufe für Stufe herabzusteigen aus der Höhe, die ihr nicht zustand. Als sie fast unten angekommen war, um des unausweichlichen Todes zu harren, hörte sie die Rufe des Dieners, der gekommen war, um Lebensmittel zu bringen, hörte ihn ihren Namen rufen, den sie schon seit Jahren nicht mehr aus dem

Mund eines anderen gehört hatte. Der Diener holte Hilfe, und Violetta wurde gerettet.

Während sie mit dem Boot ihrer Helfer das Ufer erreichte, sah sie, wie ihr Turm im Wasser versank und nur die aufrechten Blütenstengel der Sumpfwasserfedern als einzige kleine Elfenbeintürme die Wasseroberfläche überragten. Nach ihrer unerwarteten Rettung zu dem Zeitpunkt, als sie gerade ihr Leben abgeschlossen hatte, war Violetta dankbar für die Möglichkeit, noch einmal neu anzufangen.

Und in der Tat begann sich ihr Leben seit diesem Ereignis vollkommen zu wandeln. Sie lernte Kontakt und Nähe als etwas Wunderschönes kennen und merkte erst jetzt, daß sie sich in ihrer Isolation von großen Teilen ihres Lebens und ihres Wesens abgeschnitten hatte. Sie lernte ihre Gefühle kennen und wurde sich bewußt, wie kalt sie früher gewesen war. Sie hatte nun auch Kontakt zum eigenen Körper, der ihr immer unwichtig und leblos erschienen war.

Einige Jahre später heiratete sie und entdeckte mit ihrem Mann zusammen viele in ihrem Inneren verborgene Schätze, von deren Existenz sie nichts geahnt hatte. Ihre Kraft, Eigenständigkeit und Unabhängigkeit ging ihr dadurch nicht verloren, denn auch ihr Mann war sehr selbständig und konnte das Alleinsein genießen. Violetta wurde für viele

Freunde und Bekannte eine geschätzte Gesprächspartnerin und Beraterin, die verständnisvoll und mit Klarheit ihre Fähigkeiten und ihr Wissen auch den anderen zur Verfügung stellte.

WHITE CHESTNUT

Das Kastanienmännchen

Als der Herbstwind lachend die Blätter von den Bäumen fegte, sammelte ein kleiner Junge Kastanien, um daraus Männchen zu basteln. Wie ihre großen Vorbilder, die Menschen, waren sie alle von verschiedener Gestalt und eigenem Wesen. Eines von ihnen fiel besonders auf. Es hatte eine Kastanie als Kopf, deren stachelige Schale sich nicht geöffnet hatte und sie fest umschloß.

Während die anderen Männchen bald nach ihrer Schöpfung ein lustiges, unbeschwertes Leben führten, litt unser Männchen mit dem Stachelkopf von Anfang an unter Kopfdruck und Kopfschmerzen. Besonders nachts, wenn es schlafen wollte, wurde es gequält von Gedanken, die wegen der Schale nicht aus seinem Kopf herauskonnten und sich ständig im Kreise drehten. Wie dauernd wiederkehrende Echos hallten sie durch seinen Kopf und machten einen fürchterlichen Lärm. Unser Männchen war diesen Gedanken hilflos ausgeliefert, konnte sie weder verändern noch abstellen. Sie führten ein Eigenleben in seinem Kopf und peinigten ihn, als ob die Stacheln der äußeren Schale nach innen gerichtet wären.

Die Gedanken waren ganz verschiedener Art, bezogen sich einmal auf Alltagssorgen, ein anderes Mal auf ein tagsüber geführtes Gespräch, das immer wieder von vorne begann, als ob man es im nachhinein verändern könnte, oder es ging um ein bevorstehendes Ereignis, das in Gedanken immer wieder durchgespielt wurde. Eines hatten all diese Gedanken gemeinsam. Sie führten zu keinem Ergebnis, zu keiner Lösung, sondern immer nur zu einem bestimmten Punkt und sprangen dann zurück zum Anfang, wie eine Schallplatte, bei der die Nadel immer wieder in dieselbe Rille springt und die Musik nie zu Ende spielt.

Tagsüber war unser Männchen unkonzentriert, manchmal wie abwesend, da zwischen ihm und der Welt der dauernde Störsender seiner unkontrollierbaren Gedanken stand wie die stachelige Hülle, die seinen Kopf umschloß.

Eines Nachts, als die Qual so groß war, daß es glaubte, sein Kopf müsse nun zerspringen, platzte die Schale auf und der dunkelbraun glänzende Kastanienkopf lag befreit in der weichen, weißen Innenschicht der geöffneten Hülle. Es war wie eine zweite Geburt, der Beginn eines neuen Lebens, eine unendliche Befreiung. All die Gedanken schienen wegzufließen, und der Kopf des Männchens fühlte sich leicht und klar an und spürte zum ersten Mal den

Kontakt zum Herzen des Männchens, von dem er bisher wie abgetrennt schien.

Das Männchen lernte nun, seine Gedankenkraft als wichtiges Werkzeug in den Dienst seines Wesens zu stellen und bis zu einer Lösung weiterzudenken an jenen Punkten, an denen es früher von vorne begonnen hätte. Und so wurde es Herr im eigenen Haus und sein Denken wurde ein hilfreicher Freund.

WILD OAT

Der rote Faden

John Wild Oat war gerade mit dem Versuch beschäftigt, in seinem Zimmer etwas Ordnung zu schaffen, als sein jüngerer Bruder eintrat, um ihm stolz zu berichten, daß er sich soeben an der Universität für das Studium der Medizin eingeschrieben habe. John war nicht sonderlich beeindruckt von dieser Nachricht, hatte sich doch sein Bruder schon immer zum Arzt berufen gefühlt.

Er selbst dagegen hatte in seinem ersten Studienjahr zunächst mit Physik begonnen, aber schon nach wenigen Monaten wieder abgebrochen, weil es ihn nun zur Philosophie hinzog. Dieses Fach faszinierte ihn anfangs sehr, doch seit einigen Wochen war die Begeisterung verschwunden und er überlegte, ob er nicht doch lieber die Rechtswissenschaften studieren sollte.

Während sie sich über ihre beruflichen Entscheidungen unterhielten, saß Paul, der jüngere von beiden, ruhig auf einem Stuhl und beobachtete seinen Bruder, der im Zimmer umherwirbelte und bei dem Versuch, Ordnung zu schaffen, das Chaos noch vergrößerte. Zuerst stellte er einige der überall in aufgeschlagenem Zustand herumliegenden Bücher ins Re-

gal zurück, begann dann in einem der Bücher zu blättern und zu lesen. Bald blickte er wieder auf und sah, daß seine Zimmerpflanzen schon seit Tagen nicht mehr gegossen worden waren. Auf der Suche nach der Gießkanne stolperte er über seine Aktentasche und zerbrach die Gipsfigur eines berühmten Philosophen. Nun machte er sich daran, die Scherben wieder zusammenzufügen, schnitt sich aber dabei in den Finger.

Während Paul die Wunde versorgte, kamen sie wieder auf ihr Gespräch zurück, und John sagte: *„Weißt du, ich will etwas Besonderes machen, aber ich weiß nicht, was. Ich könnte alles machen, fühle mich aber zu nichts berufen".* In der Tat war John schon als Kind sehr vielseitig begabt und es schien nichts zu geben, was er nicht lernen konnte. Er hatte auch sozusagen seine Fühler schon in alle Richtungen ausgestreckt, sie aber nach einer gewissen Zeit immer wieder zurückgezogen, um weiterzusuchen.

Das Gespräch der beiden Brüder blieb nicht lange beim Thema Berufswahl, denn John hatte die Eigenart, sehr schnell das Thema zu wechseln, und kam dabei vom Hundertsten ins Tausendste. Dabei verlor er sehr schnell den roten Faden und wußte am Ende des Gesprächs oft nicht mehr, was nun das eigentliche Thema war. Paul kannte das und zog sich unter irgendeinem Vorwand zurück.

Als John nun die Gießkanne auffüllen wollte, fiel ihm der tropfende Wasserhahn auf, und er holte Werkzeug, um ihn zu reparieren. Dabei stellte sich heraus, daß eine Dichtung ausgewechselt werden mußte, und er schwang sich auf sein Fahrrad, um sie zu besorgen. Unterwegs kam er an einem Buchladen vorbei, und der Wasserhahn wurde plötzlich unglaublich unwichtig.

Zwei Wochen später begann er dann mit dem Jurastudium, und ein halbes Jahr später stieg er auf Geschichtswissenschaften um. So wechselte er noch viele Male sein Berufsziel, verlor aber immer wieder schnell das Interesse.

Als sein Bruder Paul bereits Arzt war und in seinem Beruf ganz aufging, war John immer noch ein ewiger Student und wurde von Jahr zu Jahr unzufriedener. Er sah keinen Sinn mehr in seinem Leben, und es erschien ihm völlig verfahren, verzettelt, zersplittert.

Bald darauf wurde er krank, jedoch konnte keiner herausfinden, was ihm eigentlich fehlte, da seine Symptome ständig wechselten und äußerst vielfältig und unzusammenhängend waren. Auch Paul konnte die verschiedenen Krankheitszeichen nicht unter einen Hut bringen.

Da ihn die Krankheit an äußeren Aktivitäten hinderte, hatte er viel Zeit, sich mit sich selbst zu beschäftigen. Es wurde ihm klar, daß er in seinem bisherigen Leben sehr viele Themen und Bereiche berührt hatte, aber nie in die Tiefe gegangen war. Und so begann er, bei sich selbst in die Tiefe zu gehen, seine innere Welt zu erforschen, indem er täglich meditierte. Schon nach einigen Monaten besserte sich sein Gesundheitszustand, und er spürte, daß er seinem Wesenskern nähergekommen war.

Aus diesem Kontakt mit sich selbst heraus traf er die Entscheidung, auf die Schauspielschule zu gehen und so seine Vielseitigkeit und Flexibilität sinnvoll zu nutzen. Obwohl bei dieser Ausbildung sehr viel Ausdauer, harte Arbeit und Disziplin von ihm verlangt wurden, gab er diesmal nicht auf, auch wenn die Arbeit kritische Phasen erreichte, in denen er früher sofort alles hingeschmissen hätte. Er versuchte dann, durch Meditation den Kontakt zu seinem inneren Wesenskern wiederherzustellen, und fand so den roten Faden wieder, der ihn weiterführte. Dieser rote Faden wurde auch in seinem Tagesablauf spürbar, er verzettelte sich viel seltener und war im Denken und Handeln weniger sprunghaft.

Nach vielen Jahren konsequenter Arbeit wurde er ein erfolgreicher Schauspieler, der durch seine schillernde Beweglichkeit auffiel und durch die Fähigkeit, nahezu in jede Rolle schlüpfen zu können. Nicht nur das Publikum, auch er selbst war sehr zufrieden, konnte er doch auf diese Weise seine vielfältigen Möglichkeiten entfalten.

WILD ROSE

Die Dornenkrone

Als Rosa in diese Welt kam, war es dunkel und kalt. Alles, was sie brauchte, schien zu fehlen, und sie fühlte sich einsam und verlassen. Sie sagte sich: *„So ist also das Leben, ich brauche nichts von ihm zu erwarten"*, und zog sich innerlich wieder vom Leben zurück.

Viel später als andere Kinder lernte sie laufen und sprechen, denn sie war ohne Antrieb und Interesse. Sie vegetierte träge und energielos dahin, ihre Stimme war monoton und dünn, ihre Haut blaß. Für ihre Eltern war sie ein sehr pflegeleichtes Kind, sie klagte und weinte nicht, hatte keine Wünsche und keinen eigenen Willen und wo immer die Mutter sie hinsetzte, da blieb sie sitzen, bis sie wieder geholt wurde.

Die Kinder aus der Nachbarschaft gaben es bald auf, mit ihr in Kontakt zu kommen oder mit ihr zu spielen, obwohl sie nie feindselig oder ablehnend war. *„Mit der kann man nichts anfangen, die ist uns zu langweilig"*, sagten sie und gingen weg. Rosa litt nicht darunter, denn für sie war es ja klar, daß sie nichts vom Leben zu erwarten hatte.

Als sie auf einem Schulausflug teilnahmslos hinter

der tobenden und lärmenden Klasse hertrottete, verlor sie den Anschluß und verirrte sich im Wald. Schließlich blieb sie an einer Stelle sitzen, an der sie nicht mehr weiterkonnte, da sie allseits von Dorngestrüpp umgeben war. Nach einer Weile glaubte sie eine Stimme zu hören, eine helle, klingende Frauenstimme: *„Komm, mein Kind, ich will dir etwas zeigen!"* Rosa reagierte nicht, auch sah sie niemanden, doch die Stimme hörte nicht auf zu locken. Das Mädchen kroch ein Stück in die Richtung, aus der die Stimme kam, setzte sich dann aber wieder hin und sagte: *„Was wirst du mir schon zeigen, hier ist nichts außer Dornen, und die seh' ich selbst."* *„Ja, mein Kind"*, antwortete die Stimme, *„du hast bisher nur Dornen gesehen, und weil sie dir nicht gefallen, willst du gar nichts mehr sehen. Komm jetzt, komm näher, geh' durch die Dornen durch!"*

Es dauerte lange, bis Rosa sich bewegte, aber irgendwann fand sie sich mitten in den Dornen, ohne zu wissen, wie sie hineingeraten war. Die Dornen stachen sie überall, und weil sie da schnell herauswollte, fing sie an, sich vorwärtszuarbeiten. Der Schmerz schien ihre Lebensgeister aufzuwecken, und sie kämpfte sich schimpfend nach vorne. Dabei entwickelte sie enorme Kraft und Lebendigkeit. Da die Stimme jetzt verschwunden war, mußte sie ihren Kampf aus eigener Kraft führen. Wie lange der schmerzhafte Weg durch die Dornen gedauert hatte, hätte Rosa nicht sagen können, Minuten oder Stunden oder Tage, jedenfalls kam ihr diese Zeit unendlich lang vor. Doch dann war sie plötzlich frei und sank auf einer sonnenbeschienenen Lichtung erschöpft ins weiche Gras.

Als sie ihre Augen öffnete, hörte sie die Stimme wieder: *„Schau dich um mein Kind und sieh dir das Gestrüpp noch einmal an, aus dem du gekommen bist!"* Rosa wendete zaghaft ihren Kopf und sah einen blühenden Rosenbusch, der auf dieser Seite mit zarten, duftenden rosa Blüten übersät war. Sie leuchteten auf dem dunkelgrünen Blättergrund in der Sonne. *„Das"*, sagte die Stimme, *„ist die andere Seite der Rose, und beide Seiten, die Dornen und die duftenden Blüten sind unzertrennlich miteinander verbunden. Nimm dir zur Erinnerung ein Blütenzweiglein mit!"*

Rosa gelang es nicht, die Rose zu pflücken, ohne sich zu stechen, und sie steckte sich die Blume ins Haar. Ihr Weg durch den Wald war voller Wunder, und es schien ihr, als hätte das Leben jetzt erst richtig begonnen.

Von diesem Tag an veränderte sich Rosa sehr, sie wurde immer lebendiger, lebensfroher und interessierte sich nun auch für die anderen Kinder, die sie fast nicht wiedererkannten, da sie jetzt rote Backen hatte und sich flink bewegen konnte.

Als sie erwachsen war, nahm sie die Stelle einer Dienstmagd in einem herrschaftlichen Hause an. Dort lernte sie einen jungen Mann kennen, der als Gärtner angestellt war, und die beiden verliebten sich ineinander. Am liebsten trafen sie sich in der Rosenlaube, einem luftigen kleinen Pavillon, dessen Wände von Heckenrosen gebildet wurden. Im Inneren der Laube, die voller Rosenduft war, verbrachten die beiden Liebenden wunderschöne Stunden. Dort saßen sie auch an jenem Abend, als der junge Mann seiner Braut eröffnete, daß er zum Militär einberufen worden sei, um in den Krieg zu ziehen. Rosa weinte schmerzliche Tränen, denn es war ungewiß, für wie lange sie getrennt sein würden, und beide mußten damit rechnen, daß es auch ein Abschied für immer sein könnte.

Jeden Abend saß sie fortan in der Laube, und es war ihr, als hätten sich die Dornen der Rosen um ihr Herz gelegt. Da hörte sie eines Abends jene Stimme wieder, die ihr damals die Blüten gezeigt hatte, und als Rosa sich nach ihr umdrehte, sah sie eine lichte Gestalt mit rosa Schleiern und einer Dornenkrone auf dem Kopf. *„Wer bist du?"* fragte Rosa erschrocken. *„Ich bin die Rose und trage den gleichen Namen wie du. Du hast nun beide Seiten der Rose erlebt, die Blüten und die Dornen, die Freude und den Schmerz, die Liebe und das Leid, und es fällt dir sehr*

schwer, die Schönheit der Dornen zu entdecken. Trotzdem solltest du jetzt nicht zurückfallen in den Zustand deiner Kindheit, solltest dich vielmehr weiter dem Leben anvertrauen. Wenn du das tust, wirst du eines Tages die Schönheit der ganzen Rose sehen können. Erst dann wirst du die Kraft deines Namens spüren, der auch der meine ist, und die Dornen werden dein Haupt schmücken wie das meine."

WILLOW

Der Korbmacher
und die Weide

Direkt am Ufer des Flusses stand eine alte Trauerweide, deren Zweige wie Fäden herunterhingen und fast das Wasser berührten. Sie schien ständig ihr eigenes Spiegelbild im Fluß zu betrachten und fing von unten die Sonnenstrahlen auf, die vom Wasser zurückgeworfen wurden.

Verborgen hinter dem Schleier aus Zweigen und Blättern hatte ein zerlumpter Bettler sein Nachtlager. Wenn man an der Weide vorbeikam, hörte man oft seine Stimme, die meist schimpfte oder jammerte. Er war sehr verbittert, denn er fühlte sich vom Leben und der Welt ungerecht behandelt, fühlte sich zu kurz gekommen, verglichen mit all den anderen, denen es gut ging und die glücklich waren. Er glaubte, nicht bekommen zu haben, was ihm zustand, und haderte tagein, tagaus mit dem Schicksal, das ihm seiner Meinung nach Unrecht zugefügt hatte.

In jungen Jahren, als Korbmacherlehrling, war er bald unzufrieden mit seinem Beruf, da er fand, andere Berufe seien einträglicher und weniger mühsam. In seiner Unzufriedenheit nörgelte er oft an seinen Kollegen herum und vergiftete so der fröhlichen

Runde die Stimmung. An allem hatte er etwas auszusetzen, und wann immer ihn etwas störte, fand er dafür einen Schuldigen. Bei sich selbst jedoch suchte er nie die Ursache des Übels. Zogen sich die anderen dann von ihm zurück und mieden seine Gesellschaft, war er beleidigt, denn schließlich war er doch im Recht und die anderen im Unrecht.

So wurde er von Jahr zu Jahr einsamer, verlor immer wieder seine Arbeitsstelle, und als er versuchte, mit einer eigenen Korbflechterei sein Brot zu verdienen, blieben die Kunden aus, so unbeliebt war er überall. Er verarmte und wurde schließlich obdachlos. Von diesem Tag an schlief er jede Nacht unter der Trauerweide unten am Fluß. Untertags ging er ins Dorf zum Betteln, aber da er auch dabei meist vor sich hin schimpfte und es an der nötigen Demut fehlen ließ, bekam er nur selten einen Groschen, und oft blieb sein Korb ganz leer.

Als er niemanden mehr zum Reden hatte, fing er an, mit dem Weidenbaum zu sprechen, ließ anfangs auch oft seinen Zorn an ihm aus und beschimpfte ihn als unzureichende Behausung, doch als er gewahr wurde, daß der Baum ihm als einziger Freund geblieben war, hörte er damit auf. Er klagte ihm jetzt oft sein Leid, und manchmal schien es ihm, als empfinge er Gedanken aus dem Baum als Antwort.

Immer wieder kam ihm das Sprichwort in den

Sinn: *„Jeder ist seines Glückes Schmied"*, über das er sich schon so häufig geärgert hatte, da er doch statt Glück nur Leid erfahren hatte. Und dann schien die Weide den Spruch zu ändern, und da war der Gedanke: *„Jeder ist auch seines Leides Schmied"*.

Schon wollte er sich wieder beklagen, doch hielt er inne, als er ins Wasser schaute und die blühenden Weidenzweige sich spiegeln sah, die geschmeidig vom Wind bewegt wurden. Darunter tauchten Bilder auf, Erinnerungen an Situationen seines Lebens, in denen er sein Leid selbst verursacht hatte, seine Einsamkeit, seine Armut, und er sah gleichzeitig, wie sein Leben hätte verlaufen können, wenn er sich anders verhalten hätte. Er verstand, daß er ein Leben lang gegen sein Spiegelbild gekämpft hatte, ohne sich darin zu erkennen. War nicht sein Schicksal, mit dem er bisher gehadert hatte, so ein Spiegel, den er beschimpft hatte, anstatt ihn zu benutzen, um mehr über sich zu erfahren? Hatte er nicht Zeit seines Lebens die Verantwortung für sein Leid bei den anderen gesucht, bei den Eltern, den Lehrern, den Kollegen, den Nachbarn, den Gesetzen, dem Schicksal und Gott und sie beschuldigt für das, was er selbst sich schuldig geblieben war?

Obwohl diese Erkenntnisse ihn schmerzten, befreiten sie ihn gleichzeitig von der dunklen Last, ohnmächtiges Opfer zu sein. Als er nach oben schaute in den lichten Schleier der geschmeidigen Weidenzweige, sah er, wie die gelben Blüten in der Sonne leuchteten, und er fühlte sein Herz vor Freude über diese Schönheit warmwerden. Sein Bettlerunterschlupf war plötzlich zu einer goldenen Lichterkuppel geworden, und er empfand Dankbarkeit diesem Baum gegenüber, der ihm geholfen hatte, seinen Irrtum zu erkennen. Biegsam und geschmeidig wie die Weidenruten wollte er sich dem Leben anvertrauen und nicht mehr so starr und stachelig und ablehnend sein wie bisher.

Er begann wieder, Körbe zu flechten, und auf langen Spaziergängen sammelte er Beeren, Pilze und Kräuter, die er in den Körben auf dem Markt verkaufte. Er wollte keine leeren Körbe mehr anbieten in der Erwartung, daß sie gefüllt würden, wie er das früher getan hatte. So begann er ein neues Leben und machte tatsächlich die Erfahrung, daß er nicht nur seines Leides, sondern auch seines Glückes Schmied sein konnte.

Wie ein gefällter Weidenstumpf, der im nächsten Frühjahr von Neuem austreibt, entwickelte sich sein neues Leben. Sooft er an der alten Weide vorbeikam, erinnerte sie ihn an seine Biegsamkeit und geschmeidige Anpassungsfähigkeit, erinnerte ihn aber gleichzeitig an die Fähigkeit, sich im Spiegelbild seiner Erlebnisse zu erkennen und nicht mehr, wie er es früher getan hatte, die Rolle des armen Opfers zu spielen.

Blütentelegramme

Agrimony

Pflanze:	Odermennig, Agrimonia eupatoria Blüten: gelb, sonnig, lieblich, unter Blütenblättern versteckte Widerhaken Blätter: unregelmäßig, zackig, bizarr
Thema:	Schein und Sein
Unerlöste Ebene: Muster:	„Lächelnde Maske" Konfliktvermeidung
Leitsymptom:	Scheinharmonie, versteckte Traurigkeit und Pein hinter Fassade von Fröhlichkeit
Erlöste Ebene:	Innere Harmonie durch Annehmen der verborgenen Wesensanteile
Geschichte:	Die Begegnung
Lernaufgabe:	Aussöhnung mit dem Schatten, Ehrlichkeit, sich zeigen, Konfliktbereitschaft

Aspen

Pflanze:	Zitterpappel, Espe, Populus tremula, runde (weibliche) und längliche (männliche) Kätzchen geringster Windhauch verursacht Zittern der Blätter
Thema:	Ängstigende Sensitivität
Unerlöste Ebene:	Verirrt zwischen zwei Welten
Muster:	Unbewußte Inhalte werden nach außen projiziert und lösen Angst aus
Leitsymptom:	Frei flottierende vage Ängste
Erlöste Ebene:	Brücke zwischen zwei Welten, geerdete, kontrollierbare Medialität
Geschichte:	Tremola, das Espenmädchen
Lernaufgabe:	Integration unbewußter Inhalte, Erdung, Realitätsbezug, Balance zwischen Seele und Verstand, Vernünftige Nutzung der Sensitivität

Beech

Pflanze:	Buche, Rotbuche, Fagus sylvaticus, dichte Krone (Sonnenschutz für Stamm), läßt keine anderen Pflanzen unter sich wachsen, toter Blattteppich
Thema:	Wertung
Unerlöste Ebene:	„Die Buche im Buchenwald"
Muster:	Macht sein Selbstbild zum Wertmaßstab und projiziert den Schatten nach außen
Leitsymptom:	Selbstgefällige Intoleranz
Erlöste Ebene:	„Die Buche im Mischwald" Gleichwertige Anerkennung der anderen in ihrer Andersartigkeit
Geschichte:	Meister Fagus im Orchester
Lernaufgabe:	Loslassen der Wertungen, Rücknahme der Schattenprojektionen, im „Großen Orchester" seinen mit den anderen gleichwertigen Platz einnehmen

Centaury

Pflanze:	Tausendgüldenkraut, Centaurium umbellatum, aufrechter Stengel, rosa Blüten öffnen sich nur bei schönem Wetter
Thema:	Selbstverwirklichung
Unerlöste Ebene:	Unterwirft sich den Erwartungen der anderen
Muster:	Will es den anderen recht machen um geliebt und anerkannt zu werden
Leitsymptom:	Kann nicht „NEIN" sagen
Erlöste Ebene:	Erfüllt eigene Lebensaufgaben unabhängig von den Erwartungen der anderen
Geschichte:	Die Befreiung vom Joch der Erwartungen
Lernaufgabe:	Eigene Lebensaufgabe erkennen, sich abgrenzen, neinsagen lernen, zu sich stehen

Cerato

Pflanze:	Bleiwurz, Hornkraut, Ceratostigma willmottiana, Knospen wie Hörner, blaue Blüten
Thema:	Innere Gewißheit

Unerlöste Ebene: „Der Blauäugige"
Muster: Mißtraut der eigenen Urteilsfähigkeit
Leitsymptom: Fragt dauernd andere nach ihrer Meinung und richtet sich blauäugig danach

Erlöste Ebene: „Der Weise"
Handelt aus seiner inneren Sicherheit heraus

Geschichte: Von einem, der außen suchte, was er nur innen finden konnte

Lernaufgabe: Vertrauen in die eigene Urteilsfähigkeit, Kontakt zur „Inneren Stimme", Identitätsbildung

Cherry Plum

Pflanze:	Kirschpflaume, Blutpflaume, Prunus cerasifera, weiße Blüten, „versteckte" Kurztriebdornen
Thema:	Die destruktiven Kräfte im Unbewußten
Unerlöste Ebene:	Verleugnung und Unterdrückung des Schattens
Muster:	Unterdrückung der Aggression führt zum Überdruck (Explosionsgefahr)
Leitsymptom:	Angst, außer Kontrolle zu geraten
Erlöste Ebene:	Bewußter, integrierter Umgang mit den destruktiven Schattenanteilen
Geschichte:	Der Wolf im Schafspelz
Lernaufgabe:	Bewußtmachung und Integration der zerstörerischen inneren Kräfte, vom Unterdrücker zum Dirigenten der eigenen Kräfte

Chestnut Bud

Pflanze:	Weißblühende Roßkastanie, Aesculus hippocastanum, glänzende Knospen, die unter klebriger Schicht von 14 Häuten Blüten und Blätter verbergen
Thema:	Lernen, Entwicklung
Unerlöste Ebene:	Blockierte Entwicklung, dreht sich im Kreis
Muster:	Läuft vor Konsequenzen seiner Erfahrungen weg
Leitsymptom:	macht immer wieder die gleichen Fehler
Erlöste Ebene:	Lernt aus seinen Erfahrungen
Geschichte:	Der kleine Grashüpfer
Lernaufgabe:	Aufmerksamkeit, Anwesenheit, Befreiung von Gewohnheitsmustern

Chicory

Pflanze:	Wegwarte, Cichorium intybus, Wegränder, Sonne, blaue Blüten öffnen sich nur morgens, schließen sich mittags
Thema:	Selbstlose Liebe ohne Besitzanspruch
Unerlöste Ebene:	„Fordernde Übermutter"
Muster:	Gibt, um zu bekommen
Leitsymptom:	Kümmert sich übertrieben um andere, um sie abhängig zu machen, fordert Aufmerksamkeit
Erlöste Ebene:	Selbstlose Mütterlichkeit Geben ohne Forderung
Geschichte:	Die Wegwarte
Lernaufgabe:	Loslassen von emotionalem Besitzanspruch, sich selbst Aufmerksamkeit schenken, erwachsener Kontakt ohne Abhängigkeit

Clematis

Pflanze:	Gemeine Waldrebe, Clematis vitalba, tauähnliche, bis 12m lange Ranken, weiße sternförmige Blüten mit vielen Griffeln, Samenstände wie kleine Wollknäuel
Thema:	Realitätskontakt
Unerlöste Ebene:	Tagträumer, „Eso-Spinner"
Muster:	Flucht vor der konkreten, materiellen, körperlichen Welt in Phantasiewelt
Leitsymptom:	Gedankliche Abwesenheit, wenig Körperbezug
Erlöste Ebene:	„In der Welt, aber nicht von der Welt"
Geschichte:	Der kleine Vogel
Lernaufgabe:	„JA" zur körperlichen Existenzform, Erdung, Körperbezug herstellen, Anwesenheit im Hier und Jetzt mit emotionaler Beteiligung, kreative Umsetzung der reichen Phantasie

Crab Apple

Pflanze: Holzapfel, Malus sylvestris
Blüten: weiß-rosa, frisch, rein
Wuchs: unebenmäßig mit Kurztriebdornen

Thema: Reinigung

Unerlöste Ebene: Zwanghafter Anspruch der Makellosigkeit

Muster: Fixierung auf makellose Reinheitsvorstellung

Leitsymptom: Gefühl der Unreinheit, Ekel, Abscheu vor sich selbst

Erlöste Ebene: Transformation des Makels durch bewußtes Annehmen

Geschichte: Die Aussätzige

Lernaufgabe: Der Mensch ist unvollkommen, von der äußeren zur inneren Reinigung

Elm

Pflanze:	Englische Ulme, Ulmus procera, blüht vor Winterende (Februar), bildet lichte Haine, keine Wälder
Thema:	Vertrauen in die ureigene Kraft
Unerlöste Ebene:	Zu hoher Ego-Anspruch
Muster:	Vergißt aus dem Anspruch heraus, die Aufgabe aus eigener Kraft zu lösen, den Kontakt „nach oben"
Leitsymptom:	Verzagtheit angesichts einer großen Verantwortung
Erlöste Ebene:	Dient einer Kraft, deren Quelle größer ist, als er selbst, um die gestellte Aufgabe zu bewältigen
Geschichte:	Der Hofarzt und die Ulme
Lernaufgabe:	Vom Anspruch zur Berufung, Kanal für übergeordnete Kräfte

Gentian

Pflanze:	Herbstenzian, Gentiana amarella, violette, nach oben geöffnete Kelche
Thema:	Vertrauen
Unerlöste Ebene:	Pessimismus
Muster:	Entmutigung durch Hindernisse, Skepsis
Leitsymptom:	Reaktive Depression, Zweifel, Verzweiflung
Erlöste Ebene:	Urvertrauen, Wissen um den Sinn des Lebens, auch wenn er manchmal verborgen bleibt
Geschichte:	Der Pessimist und der weise Narr
Lernaufgabe:	Risiko des Lebens eingehen, schmerzhafte Erfahrungen gehören zum Leben

Gorse

Pflanze:	Stechginster, Ulex europaeus, sonnengelbe Blüten im Sommer, Zweige stachelig, widerspenstig
Thema:	Hoffnung
Unerlöste Ebene:	Hoffnungslosigkeit
Muster:	Verliert nach mehreren vergeblichen Versuchen den Mut
Leitsymptom:	Resignation, „Für mich gibt es keine Hilfe mehr"
Erlöste Ebene:	Gewißheit, daß Gott keine Fehler macht
Geschichte:	Die Besenbinderin
Lernaufgabe:	Schicksal annehmen und verstehen, ohne zu resignieren, Verantwortung für Schicksal übernehmen, Erwartungen über die Form der „richtigen" Hilfe loslassen

Heather

Pflanze:	Schottisches Heidekraut, Calluna vulgaris, kahle Flächen, widerstandsfähig, zäh, bescheiden, immer in Gruppen, als Individuum unscheinbar
Thema:	Teilnahme, Anteilnahme
Unerlöste Ebene:	Bedürftiges Kleinkind
Muster:	Völlig selbstbezogen, will nur nehmen, ohne zu geben
Leitsymptom:	Erzwingt Aufmerksamkeit, stellt sich in den Mittelpunkt
Erlöste Ebene:	Ein Tropfen im Ozean, als Teil im Ganzen seinen Platz ausfüllen, ohne sich hervorzutun oder abzugrenzen
Geschichte:	Vom Nehmen zum Teilnehmen
Lernaufgabe:	Gleichgewicht zwischen Geben und Nehmen, Harmonie zwischen Individuum und Gemeinschaft, Kontakt

Holly

Pflanze:	Stechpalme, Ilex aquifolium Blätter: immergrün, bes. unten und bei jüngeren Pflanzen stachelig (Schutz vor Wildverbiß) Früchte: leuchtend rote Beeren
Thema:	Liebe
Unerlöste Ebene:	Haß
Muster:	Mißgönnt anderen, was ihm selbst fehlt
Leitsymptom:	Bosheit, Neid, Eifersucht, Rachsucht, Haß
Erlöste Ebene:	Liebe, Kontakt mit innerem Wesenskern (Selbst), Verbundenheit mit Menschen und Gott
Geschichte:	Von Haß und Liebe
Lernaufgabe:	Sich öffnen nach außen und innen

Honeysuckle

Pflanze:	Geißblatt, „Jelängerjelieber", Lonicera caprifolium, honigsüß duftende Kletterpflanze, Blütenblätter wechseln nach der Bestäubung die Farbe: rot – weiß – gelb
Thema:	Innere Beweglichkeit, Wandlungsfähigkeit
Unerlöste Ebene:	Fixe Identifikation mit der Vergangenheit
Muster:	Flucht in die Vergangenheit
Leitsymptom:	Mangelndes Interesse an der Gegenwart, Festhalten an Vergangenem
Erlöste Ebene:	Schwimmt mit dem Fluß des Lebens, Flexibilität, Wachheit, lebendiger Kontakt zur Vergangenheit, um aus Erfahrungen zu lernen
Geschichte:	Professor Anticus
Lernaufgabe:	Vergangenheit loslassen, im Hier und Jetzt sein

Hornbeam

Pflanze:	Hainbuche, Weißbuche, Carpinus betulus Beliebte Heckenpflanze
Thema:	Vorstellung von den eigenen Möglichkeiten
Unerlöste Ebene:	Nur ein Teil des „Raumes" wird genutzt
Muster:	In selbstbegrenzenden Vorstellungen gefangen
Leitsymptom:	Geistig-seelische Müdigkeit, Lustlosigkeit, Montagmorgen-Müdigkeit
Erlöste Ebene:	Nutzung der eigenen Möglichkeiten
Geschichte:	Die Entdeckung vergessener Räume
Lernaufgabe:	Gewohnheiten, Routine loslassen, sich ausdehnen in brachliegende Räume, Gleichgewicht zwischen Verstand und Gefühl, Begeisterungsfähigkeit

Impatiens

Pflanze:	Springkraut, Impatiens glandulifera, schnell wachsende Riesenform, einjährig, bis 180 cm hoch; succulenter, unter Flüssigkeitsdruck stehender Stamm; Frucht explodiert bei Berührung; hohe Reproduktivität;
Thema:	Geduld
Unerlöste Ebene:	Ungeduld
Muster:	Hohe Geschwindigkeit, rastlose Getriebenheit, ungeduldig, aufbrausend
Leitsymptom:	Ungeduld
Erlöste Ebene:	Geduldig, ausgeglichen, harmonisches Gleichgewicht zwischen Aktivität und Passivität
Geschichte:	Meister Ungeduld
Lernaufgabe:	Geduld, geschehen lassen, abwarten, Eile mit Weile, Tiefe und Gründlichkeit statt Tempo

Larch

Pflanze:	Lärche, Larix decidua, gerader Stamm, weiche Nadeln, die sich im Herbst gelb färben und abfallen; rote (weibliche) und gelbe (männliche), unscheinbare Blüten im März
Thema:	Selbstvertrauen
Unerlöste Ebene:	„Die linke Lärche"
Muster:	Sieht, was sie nicht ist, und sieht nicht, was sie ist
Leitsymptom:	Fühlt sich von vornherein unterlegen
Erlöste Ebene:	„Die rechte Lärche" Sieht Schönheit und Stärken des eigenen Wesens, Selbstvertrauen
Geschichte:	Die Lärche
Lernaufgabe:	Loslassen von Vorstellungen, wie sie sein sollte, erkennen, wer sie ist

Mimulus

Pflanze:	Gefleckte Gauklerblume, Mimulus guttatus, Blüten: zart, fein, lustig, gelb mit roten Flecken
Thema:	Sensibilität, Furcht
Unerlöste Ebene:	„Angsthase"
Muster:	Sieht die Welt voller Gefahren und Bedrohungen
Leitsymptom:	Übertriebene Ängstlichkeit, fürchtet sich immer vor irgendetwas
Erlöste Ebene:	„Der Gaukler", geht mit heiterer Gelassenheit auf die Welt zu
Geschichte:	Mimolo und der Gaukler
Lernaufgabe:	Umgang mit Sensibilität, durch die Angst hindurchgehen, Vorstellungen loslassen, Vertrauen

Mustard

Pflanze:	Ackersenf, Sinapis arvensis, schwefelgelbe Blüten, Samen, die jahrelang in der Erde ruhen, keimen, sobald die Oberfläche gestört wird (gelangen aus der Tiefe an die Oberfläche)
Thema:	Licht und Schatten
Unerlöste Ebene:	Opfer der dunklen Wolke
Muster:	Unbewußte Lebens- und Todesangst lähmt die Lebendigkeit
Leitsymptom:	Depression, die ohne erkennbaren Grund kommt und geht, wie dunkle Wolke (endogene Depression)
Erlöste Ebene:	Unerschütterliche Gelassenheit, Ängste sind bewußt
Geschichte:	Der Lichtblick
Lernaufgabe:	Auseinandersetzung mit unbewußten Ängsten, Themen: Tod, Leben als Risiko, Aggression, Bereitschaft zu Verantwortung und Aktivität

Oak

Pflanze:	Stieleiche, Qercus robur, tief verwurzelt, kräftig, unter Eichen wachsen viele Pflanzen, trockenes Eichenholz splittert (Fässer, Brücken)
Thema:	Flexibilität – Starre in der Verwendung der eigenen Kraft
Unerlöste Ebene:	„Marschierender Soldat"
Muster:	Kämpft trotz Erschöpfung immer weiter (Sklave des eigenen Willens)
Leitsymptom:	Erschöpfter Krieger
Erlöste Ebene:	„Kraftvoller Tanz"
Geschichte:	Ritter Eichbrecht
Lernaufgabe:	Grenzen der eigenen Belastbarkeit beachten, Raum schaffen für Ruhe und Regeneration, Lebensfreude, Gleichgewicht zwischen Härte und Weichheit

Olive

Pflanze:	Olivenbaum, Olea europaea, klein, trägwüchsig, bescheiden, langlebig, Lebensdauer: 1500–2000 Jahre, braucht viel Sonne und trockenen Boden
Thema:	Kraft
Unerlöste Ebene:	Erschöpfung
Muster:	„Leere Batterien"
Leitsymptom:	Durch Krankheit, Kummer oder Überanstrengung entkräftet
Erlöste Ebene:	Ruhige Kraft und innerer Frieden
Geschichte:	Ein Olivenbaum erzählt
Lernaufgabe:	Kontakt mit innerer Kraftquelle, für Ruhe und Regeneration sorgen

Pine

Pflanze:	Waldkiefer, Föhre, Pinus sylvestris, anspruchslos, widerstandsfähig, Windblütler, Pionierbaum, Kienbaum
Thema:	Schuld
Unerlöste Ebene:	„Schuld verlangt Strafe"
Muster:	Wird seinem hohen (z. B. moralischen) Anspruch nicht gerecht
Leitsymptom:	Schuldgefühle, Selbstvorwürfe, Selbstbestrafung
Erlöste Ebene:	„Schuld verlangt Erlösung"
Geschichte:	Die Erlösung
Lernaufgabe:	Sich selbst verzeihen, unerfüllbare Erwartungen an sich selbst loslassen, eigenen Schatten lieben lernen, freundliche Haltung sich selbst gegenüber, von Selbstkritik zur Selbsterkenntnis

Red Chestnut

Pflanze:	Rotblühende Roßkastanie, Aesculus carnea, rote, aufrechte Blütenkerzen, Fruchthülle weniger stachelig als bei weißer Kastanie
Thema:	Eigene Ängste
Unerlöste Ebene:	„Glucke"
Muster:	Eigene Ängste werden nach außen projiziert
Leitsymptom:	Übertriebene Sorge um andere
Erlöste Ebene:	„Erwachsener", situationsadäquater Umgang mit anderen
Geschichte:	Das Vogelnest im roten Kastanienbaum
Lernaufgabe:	Eigene Ängste bewußt machen und Verantwortung dafür übernehmen, Vertrauen

Rock Rose

Pflanze:	Sonnenröschen, Helianthemum nummularium, Lichtkeimer, sonnige Standorte bis extreme Gebirgslagen, Staubblätter reizempfindlich, große Variabilität von Blüten und Blättern
Thema:	Reaktionsfähigkeit, Mut
Unerlöste Ebene:	„Mäuschen Starrvorschreck"
Muster:	Panische Erstarrung in überraschenden Extremsituationen
Leitsymptom:	Blockierte Reaktion, Panik
Erlöste Ebene:	„Mäuschen Furchtlos" Wache, schnelle und adäquate Reaktion, bei der übermenschliche Kräfte mobilisiert werden, Heldenmut (David im Kampf gegen Goliath)
Geschichte:	Mäuschen Furchtlos und Mäuschen Starrvorschreck
Lernaufgabe:	Reaktionsbereitschaft, Nutzung der Energiereserven

Rock Water

Ausgangsmaterial:	Wasser einer Felsenquelle von Sonnenlicht bestrahlt
Thema:	Selbstbeherrschung
Unerlöste Ebene:	Bezwinger der eigenen Lebendigkeit
Muster:	Selbstkasteiung
Leitsymptom:	Unterdrückung der Lebenslust
Erlöste Ebene:	Harmonie zwischen „Fluß und Ufer"
Geschichte:	Der Fakir
Lernaufgabe:	Mit dem Fluß des Lebens gehen, nicht dagegen, Disziplin für sich benützen, nicht gegen sich, Herr werden im eigenen Haus, ohne zu unterdrücken

Scleranthus

Pflanze:	Einjähriger Knäuel, Scleranthus annuus, in Zweiergabelungen verzweigt, Blätter gegenständig
Thema:	Polarität
Unerlöste Ebene:	Entscheidungsverweigerer
Muster:	Hin- und hergerissen zwischen extremen Polen
Leitsymptom:	Kann sich nicht zwischen zwei Möglichkeiten entscheiden
Erlöste Ebene:	Balance, „in der Mitte"
Geschichte:	Der Wanderer im Land der Gegensätze
Lernaufgabe:	Bereitschaft, sich bewußt einzulassen, Entscheidungsfähigkeit, Vereinigung der Gegensätze, keine Entscheidung ohne Opfer

Star of Bethlehem

Pflanze:	Doldiger Milchstern, Ornithogalum umbellatum, weiße Blüten öffnen nur bei Sonnenschein, Blüte zur Zeit der Schneeschmelze
Thema:	Regenerationsfähigkeit, Schockverarbeitung
Unerlöste Ebene:	Geistig-seelischer Betäubungszustand
Muster:	Schockdeformation wird nicht verarbeitet, Dämmerzustand
Leitsymptom:	Stiller, lähmender Kummer nach Schock, reagiert nicht auf Trost
Erlöste Ebene:	Flexibel, anpassungsfähig, lebendig, regenerationsfähig
Geschichte:	Das Mädchen und die Sterne von Bethlehem
Lernaufgabe:	Sich öffnen für die Botschaft von Schicksalsschlägen, das Leben geht weiter

Sweet Chestnut

Pflanze:	Edelkastanie, Castanea sativa, späte Blüte, kätzchenartig, stachelige Fruchthülle wie „Seeigel", lanzettförmige Blätter
Thema:	Hingabe
Unerlöste Ebene:	„Mein Gott, warum hast Du mich verlassen"
Muster:	Das immer aufrechte Rückgrat wird gebrochen
Leitsymptom:	Tiefste Verzweiflung und Hoffnungslosigkeit nach tapferem Kampf
Erlöste Ebene:	Geburt des Lichts in dunkelster Nacht
Geschichte:	Antonio der Maroniverkäufer
Lernaufgabe:	Nicht mein Wille, sondern DEIN Wille geschehe, loslassen

Vervain

Pflanze:	Eisenkraut, Vebena officialis, robust, aufrecht, nach oben strebende Blüte, aus vielen kleinen lila Blüten zusammengesetzt, an Wegrändern
Thema:	Willenskraft, Umgang mit der eigenen Energie
Unerlöste Ebene:	Fanatischer Missionar
Muster:	Übereinsatz von Willenskraft, um andere von einer Idee zu überzeugen
Leitsymptom:	Blinder Übereifer, übersteigerter Energieeinsatz
Erlöste Ebene:	Balance zwischen Tun und Geschehenlassen, konstruktiver Energieeinsatz, ohne andere zu überfahren
Geschichte:	Der Missionar
Lernaufgabe:	Energie fließen lassen, anstatt etwas erzwingen zu wollen, SEIN statt MACHEN, situationsadäquates Verhalten

Vine

Pflanze:	Weinrebe, Vitis vinifera, Ranke braucht Stütze, hohe Produktivität, grüne, traubenförmige Blüte
Thema:	Macht
Unerlöste Ebene:	„Der Tyrann"
Muster:	Mißbraucht Führungsqualitäten zur persönlichen Machtentfaltung
Leitsymptom:	Unterdrückt andere
Erlöste Ebene:	Dienende Autorität
Geschichte:	Padrone Vine
Lernaufgabe:	Eigene Fähigkeiten in den Dienst des Ganzen stellen, sich Angst vor Schwäche eingestehen, weichen Kern unter der harten Schale finden

Walnut

Pflanze:	Walnußbaum, Juglans regia, majestätischer Baum, braucht geschützte Lagen, Blüte frostempfindlich, grüne, bittere Fruchtschalen, harte Nußschalen
Thema:	Geburt, Veränderung
Unerlöste Ebene:	Stagnation in Schwellensituationen
Muster:	Steckenbleiben in der Enge
Leitsymptom:	Schwierigkeit, den letzten, endgültigen Schritt zu tun
Erlöste Ebene:	Geht unbeirrt seinen Weg ins Unbekannte, ohne sich umzudrehen
Geschichte:	Die Geburt
Lernaufgabe:	Durchhaltevermögen, Loslassen vom Alten, sich auf das Neue einlassen

Water Violet

Pflanze:	Sumpfwasserfeder, Hottonia palustris, nur der aufrechte Blütenstengel erhebt sich über den Sumpf, die gefiederten Blätter bleiben unter der Wasseroberfläche
Thema:	Nähe – Distanz
Unerlöste Ebene:	„Isoliert im Elfenbeinturm"
Muster:	Überhebliche Isolation in geistiger Welt zur Vermeidung des Kontakts mit Emotionen und Gefühlen
Leitsymptom:	Vornehme Distanz nach außen und zum eigenen Gefühlsbereich
Erlöste Ebene:	Entwickelter Geist im gefühlvollen Kontakt mit sich selbst und anderen
Geschichte:	Violetta im Elfenbeinturm
Lernaufgabe:	Runter vom hohen Roß; Überwindung der Angst vor Gefühl, Nähe und Verletzlichkeit; Kontakt zwischen Geist und Gefühl

White Chestnut

Pflanze:	Weißblühende Roßkastanie, Aesculus hippocastanium, weiße, aufrechte Blütenkerzen, Frucht: Kastanie von stacheliger Fruchthülle umgeben
Thema:	Denkprozeß
Unerlöste Ebene:	Echohalle im Kopf
Muster:	Denkprozeß führt zu keinem Ergebnis, dreht sich im Kreis
Leitsymptom:	Kreisende Gedanken mit Kopfschmerz und Schlaflosigkeit
Erlöste Ebene:	Konstruktiver Denkprozeß als Werkzeug des Menschen; innere Ruhe
Geschichte:	Das Kastanienmännchen
Lernaufgabe:	Von der Knechtschaft zur Herrschaft über den Denkapparat, Mut zur Selbsterkenntnis

Wild Oat

Pflanze:	Waldtrespe, wilder Hafer, Bromus ramosus, gerader, aufrechter Stengel, von dem nach allen Seiten feine, samentragende Fäden abgehen
Thema:	Berufung
Unerlöste Ebene:	Der rote Faden fehlt
Muster:	Kann sich zwischen vielen Möglichkeiten nicht entscheiden
Leitsymptom:	Zersplitterung Verzettelung
Erlöste Ebene:	Benutzt seine Vielfalt für die Erfüllung seiner Lebensaufgabe
Geschichte:	Der rote Faden
Lernaufgabe:	Begonnenes zu Ende führen, in der Vielfalt Kontakt zur Mitte finden, in die Tiefe, statt in die Breite, zu Entscheidungen stehen

Wild Rose

Pflanze:	Heckenrose, Rosa canina, Dornengestrüpp mit zarten, duftenden, rosa Blüten
Thema:	Innere Haltung zum Leben
Unerlöste Ebene:	Nein zum Leben, wenn meine Bedingungen nicht erfüllt sind
Muster:	Zieht sich innerlich vom Leben zurück
Leitsymptom:	Apathische Resignation, passiver Widerstand
Erlöste Ebene:	Bedingungsloses Ja zum Leben
Geschichte:	Die Dornenkrone
Lernaufgabe:	Sich dem Fluß des Lebens anvertrauen, „Die Schönheit der Dornen" entdecken, Aussöhnung mit Schmerz und Leid

Willow

Pflanze:	Silberweide, Salix alba (vitellina) nahe am Wasser, oft übers Wasser geneigt, fängt vom Wasser reflektiertes Licht auf, enorme Elastizität und Regenerationsfähigkeit
Thema:	Eigenverantwortlichkeit
Unerlöste Ebene:	„Armes Opfer"
Muster:	Projiziert Schuld und Verantwortung nach außen
Leitsymptom:	Hadert mit seinem Schicksal
Erlöste Ebene:	„Biegsamer, geschmeidiger" Umgang mit den Botschaften des Schicksals
Geschichte:	Der Korbmacher und die Weide
Lernaufgabe:	Rücknahme der Projektionen, Selbsterkenntnis im Spiegelbild der Außenwelt, Übernahme von Verantwortung für das eigene Schicksal, Flexibilität

Institut für Bach-Blütentherapie
Forschung und Lehre
Mechthild Scheffer

Das offizielle **Lehr- und Ausbildungsprogramm** in der **Original Bach-Blütentherapie**

In Zusammenarbeit mit der **Österreichisch-Deutschen Ärztegesellschaft Dr. med. Bach.**

Dieses dreistufige Seminarprogramm ist als Zusatzausbildung zur Ergänzung einer einschlägigen therapeutischen Ausbildung (siehe Teilnehmerkreis) konzipiert. Für eine wachsende Zahl von Krankenkassen ist der Besuch dieser Seminare die Voraussetzung für die Erstattung von Therapiekosten. Das erworbene Wissen kann im Rahmen der geltenden gesetzlichen Bestimmungen des jeweiligen Landes umgesetzt werden.

Teilnehmerkreis:

Ärzte, Heilpraktiker, Diplom-Psychologen, Psychologen, Psychotherapeuten.
Schweiz: Fachleute aus Sozial- und Heilmittelberufen, Apotheker, Drogisten.

Unterlagen bitte anfordern bei:

Deutschland
Dr. Edward Bach Centre, German Office
Lippmannstraße 57, D-22769 Hamburg
Telefon 040/43 25 77-0, Fax 040/43 52 53

Österreich
Dr. Edward Bach Centre, Austrian Office
Seidengasse 32/1, A-1070 Wien
Telefon 0222/52 65 651, Fax 0222/52 65 652

Schweiz
Dr. Edward Bach Centre, Swiss Office
Mainaustraße 15, CH-8034 Zürich 8
Telefon 01/38 23 311, Fax 01/38 23 319